JN189491

世界チャンピオンの
紙飛行機ブック

John M.Collins｜著　久保田 晃弘｜監訳　金井 哲夫｜訳

O'REILLY®
オライリー・ジャパン

THE NEW
WORLD CHAMPION

PAPER
AIRPLANE
BOOK

John M. Collins

日々の小さな物事を楽しむ方法を教えてくれた

私の両親、テッドとマリーに捧げる。

夢見ることを奨励し、学ぶということを学ばせてくれた。

目次

はじめに

2012年2月26日、私が考案した紙飛行機「スザンヌ」が、226フィート10インチ（69.14メートル）の距離を飛んで、それまでの世界記録を19フィート6インチ（約5.9メートル）上まわり、新記録を達成しました。飛行機を投げてくれた元アリーナフットボール選手のジョー・アヨーブと私の完勝といっていいでしょう。以前の記録は、9年間も破られませんでした。ジョーと私は、それまでの練習で、その記録を6回も破っていたのですが、そこが記録のおかしなところです。練習での記録は記録に数えられません。公認の挑戦期間に、規定にしたがって達成された記録を正式に宣言しなければ、公式記録とは認められないのです。

記録とは破られるものです。むしろ、破るために記録をつけるのです。目標、追求、失敗、そして再挑戦は、どれも記録達成には欠かせない要素です。紙飛行機の場合も同じです。私は、「本格的に」記録に挑戦した3年間に、いろいろなモデルを試しました。もちろん、それまでに私が作った長距離型のすぐれた飛行機は、すべてその目標のための土台になっています。私の願いは、みなさんが、ここから新記録挑戦への旅を始めて、それを続けていくことです。誰かが新記録を打ち立てるのを助けるということも、私の目標のひとつだからです。その誰かとは、あなたかもしれません。

自分にもできる、と信じることが第一歩です。飛行機のように高度なものを、ほんのわずかな材料で作ることから冒険が始まります。その先に何があるかって？　小から大を作り出すことが、この惑星に暮らす私たちの生きる道です。やがては、より少ないエネルギーで部屋を明るくしたり、より少ない燃料で職場に通ったり、環境をできるだけ汚さずに世界に電力を供給する方法を見つけることにつながります。こうした観点に立てば、答は自ずと見えてきます。環境保護……正解です。新しい製品や技術を創造する……正解です。行動を制限する……違います。少ない資源でもっと行動する……こっちが正解です。だから、紙飛行機に立ち返るのです。

紙飛行機の初心者にアドバイスを、とよく聞かれます。変な話ですが、そう聞かれると私は戸惑ってしまいます。私にとって紙を折ることは、とても自然な行動なのです。紙飛行機を作っていない自分を想像することができません。みんながみんな、紙飛行機が好きなわけではないと知ったのは、何年も経った後のことです。実際に、背中を押してやらないと始められない人がいます。このことをよく考えた結果、私は次のようなアドバイスにたどり着きました。

メイカーフェア（Maker Faire）に行ったことのない人は、ぜひ、どこでやっているかを探して、行ってみましょう。それは工作のお祭りです。超小型ロボット、洋服、石と鋼鉄の巨大な彫刻など、ありとあらゆるものが展示されます。もちろん、紙飛行機が登場することもあります。ものを作ることは、アメリカ人のみならず、全人類の体に染みついていま

す。生物として生存してゆくため、人類の繁栄のため、そして、誰がそのケーキを作ったのかを知るために、作ることが好きになるよう、私たちの体は作られているのです。

子どものころ、私はおもちゃを作るのが大好きでした。私はよく兄弟たちと、木の糸巻きでコマを作ったり、バネの入った洗濯ばさみを引き金にして輪ゴム鉄砲を作ったり、紙ナプキンと糸でパラシュートを作ったり、ゴム動力のボートを作ったり、凧やバルサの飛行機や、そしてもちろん、紙飛行機も作りました。

悲しいことに、今の私たちの文化からは、作ることが大幅に消えてしまいました。おもちゃでさえ、今では「機能」が求められていて、それを遊びに採り入れることはメインの目的からはずれる行為になっています。そうして私たちは、非常に重要な体験である実験、探索、創造、つまり「ものを作る」という、とても大切な体験を自分自身から奪っているのです。

紙飛行機は科学のかたまりです。紙飛行機を投げることは、科学実験そのものです。よりすぐれた飛行を実現させるために、つねに理解を深めていく必要のある趣味なのです。仮説、試作、試験飛行、結果といった流れが、すべての飛行機と、すべての飛行にふくまれます。自覚するしないに関わらず、紙飛行機で遊ぶということは、科学の世界に足をふみ入れることなのです。

私たちは、数多くの地球規模の問題にさらされています。地球規模のエネルギーの不足、食糧の不足、水の不足、そしていわゆる地球温暖化も心配の種です。こうした問題の解決策を提供できるのは、科学だけです。私たちの頭脳に代役はいません。この課題について、私たち全員が、自分の頭で真剣に考える必要があります。

想像してみてください。人々が科学で遊ぶ世界を。

毎朝目が覚めると、何がよいことかを考え、それをもっと大きくするにはどうしたらよいかを想像する。そんなのは幻想だと言われるかもしれません。私の言うことなど、信じなくてもけっこう。ただ、紙飛行機を折って、そのうきうきする感覚を味わってください。私たちは何かを作るために生まれてきました。お菓子でも、鉛筆画でも、なんでもいいので作ってみれば、あなたの眠っていた部分が目覚めます。そして、世界が少しずつ変わってゆきます。自分でも感じるはずです。とてもいい気持ちがするはずです。

世界記録を達成したスザンヌは、そのほか数々の「初めて」を記録しました。飛行距離記録を持つ最初のグライダー（滑空機）であり、性能を高めるために速度を調整できる最初の紙飛行機であり、投げる人と作る人とのチームによって飛ばされた最初の飛行機であり、助走が9メートルから3メートルに短縮されてから記録を更新した最初の飛行機なのです。本当に驚きの飛行機です。スザンヌの飛行距離記録も、いつかは破られるものと私は思っています。力まかせに飛ばすダート（投げ矢）の時代が終わり、本当のグライダーの時代が始まりました。

ここでちょっと、アドバイス。何事もあたり前だと思わないこと。スザンヌはすばらしい飛行機です。そのデザインにあたっては、ほかの人の飛行機からヒントを得たわけではありませんでした。私は一生懸命に努力して、いろいろな人たちの話をよく聞いて、いろいろなものを熱心に観察しました。それなら、あなたにもできるはずです。この飛行機は、飛行距離記録に挑戦するための数ある解答の中の、たったひとつのものでした。きっとあなたも、新しい解答を見つけ出すことができます。

特別な紙飛行機を折って、私に見せてください。いつか、チャンピオン仲間として会える日がくるかもしれません。

本書の使い方

折り方の記号

本書には、22 の紙飛行機（折り紙飛行機）の作り方が紹介されています。紙の折り方の説明で使われている記号は、以下の通りになります。

●谷折り

●山折り

●折り目

●この方向に折る

●この方向に開く

●折ってから開く

●裏返す

●反対側に折り込む

●ここに注目

●向きを変える

●沈め折り、つぶす、中割り折り、押す

紙について

●サイズ

　日本では「A4」サイズの紙がごく身近で使われていて、国際的にも幅広く使われています。北米でもA4サイズは使われますが、ヤード・ポンド法に由来する「レター」サイズが主流になっています。そのため、本書の著者も慣れ親しんだレターサイズで紙飛行機を設計してきました。ただし、ギネス世界記録で世界最長の飛行距離を記録した「スザンヌ」は、最初から国際規格のA4で設計されています。また、どの飛行機もレターサイズに限らずA4で折ることができ、よく飛ぶものになります。

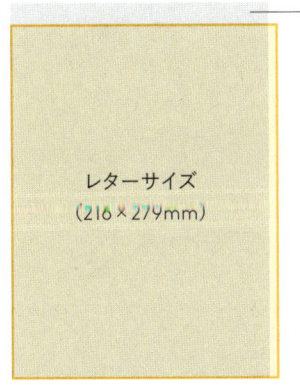

A4サイズ
（210×297mm）

レターサイズ
（216×279mm）

A4サイズとレターサイズ

　著者の設計をより堪能するためにレターサイズで折ってみたい、けれどレターサイズが身近にないという場合は、次の方法でレターサイズと同じ比率の紙をA4から作ることができます。こうすると、紹介の折り図とまったく同じに折り進めていけます。

縦横比は1.294に

長辺を25mmカット

A4サイズをレターサイズの比率にする方法

●種類

　本書の紙飛行機に使用する紙は、一般的なA4コピー用紙で十分です。しかし、飛行性能（飛行距離や滞空時間）を追求したい場合は、もう少し紙にこだわってもよいかもしれません。

　本書中で著者は、世界記録機の「スザンヌ」を折るためにはイギリスの紙メーカー、コンケラー社の「CX22」という紙で「ダイヤモンドホワイト」色、厚さ「100gsm」のものをすすめています。この紙は、一般的なコピー用紙よりもハリがあって丈夫な紙です。このような紙で折るとよく飛ぶだけでなく、耐久性があるので調整を繰り返して何度も楽しむことができます。

　146ページから紹介されている「フォローフォイル」タイプは滞空時間の長さを楽しむもので、米国の電話帳のように薄くてツルツルした紙が向いているとのことです。日本の紙では、100円ショップや文具店で販売されている薄手の「トレーシングペーパー」や「カラーラッピングペーパー」がよいようです。もちろん、コピー用紙でも差し支えありません。

●厚さ（単位）

　紙選びをする際には、紙の厚さの単位の違いも知っておくと便利でしょう。上記の「100gsm」のgsmは「Grams per Square Meter」の略で、1平方メートルあたりの紙の重量です。紙の厚さは実際の紙厚（μm）だけでなく、重さでも表されます。gsmは、日本で一般的に使われている「g/m^2」と同じです（これを「坪量」といいます）。日本では独自の「連量」の単位も一般的で、これは1,000枚の紙の重量（A4ならA4に切った紙1,000枚分）を「kg」で表記します。この連量からの換算で厚さを見当づけるのはけっこう専門的な世界になります。特別な紙で試したい場合は、実物の「$100g/m^2$」を基準に、いろいろな紙に触ってみるとよいでしょう。

●入手方法

　紙の入手方法としては、以下があります。

・コンケラー社の紙──ファインペーパーを専門に扱う株式会社竹尾のウェブストア（https://takeopaper.com/）で購入できます。日本での商品名は、「コンケラー・CX22 ダイヤモンドホワイト 450×640mmT目 28.8kg」です（1枚110円＋税）。このサイズの紙からA4サイズやレターサイズなど指定の寸法にカットしてオーダーすることも可能です。また、竹尾 見本帖本店（東京）の店頭では、A4サイズ1枚から購入できます（1枚50円＋税）。ほかにネットの通販サイトではA4サイズを100枚単位で販売していることがあります。

・紙飛行機用の紙──折り紙ヒコーキ協会では競技認定用紙として専用紙を開発しています（1枚20円＋税）。ほかにも「紙飛行機用紙」を開発・販売している協会や個人がありますし、自分だけの紙を探してみるのもおもしろそうです。

　いずれにしてもコピー用紙がいちばんリーズナブルです。コピー用紙で練習、上手になってから本番用紙で折るのが得策です。そのコピー用紙もメーカーによって質にバラつきがあるので、なるだけ固めでしっかりした感じがするものを選びましょう。また、特別な紙はハリがあるぶん、コピー用紙に比べて必ずしも「折りやすい」わけではないこともお忘れなく。一折りずつをどうしっかりと折り、理想の形を完成させていけばよいのか、そのコツや工夫については本書中の解説をお読みください。

（日本語版書籍編集部）

［本記事中の紙の情報については株式会社竹尾のご協力をいただきました］

1

なぜ飛ぶのか
WHY STUFF FLIES

正直な話、紙飛行機がなぜ飛ぶのか、その理由を私たちはよくわかっていません。この「私たち」には、私よりもずっと長い時間、この謎の解明に取り組んできた先人たちがふくまれています。私は、その人たちの知識を解説しているだけです。私は大学で航空学を学んだわけではありません。ただ博士なみの好奇心があるだけです。考えようによっては、「よくわかっていない」という答は、冒険の余地があるということです。少なくとも、本書で紹介する紙飛行機に関しては、そういえるでしょう。

紙飛行機は**グライダー**です。なぜなら、文字通りグライド（滑空）するからです。別のいい方をすれば、動力を持たない飛行機です。では、紙飛行機が滑空する力学、つまり**力**のことを解説しましょう。

基本の力

まずは、誰もが納得できるところから始めましょう。紙飛行機の飛行に関係する基本の力には、揚力、重力、抗力、推力の4つがあります。**揚力**は、飛行機が前進することで生まれる、上に引っ張る力です。**重力**は、地球の引力によって生じる重さです。**抗力**は、形状や素材によって生じる、前進をはばむ力です。**推力**は、動力付きの飛行機なら、モーターやエンジンが生み出す推進力です。グライダーの場合は、最初に投げるときの力だけが、飛行のための推進力のすべてなので、推力はちょっとややこしい話になります。ジェットコースターの最初の下り坂と同じです。ジェットコースターは、そのときの勢いだけで最後まで走り通します。よい紙飛行機は、短くて速い推力（投げたときの力）に耐えられるように考えられています。最初の推力を使い切った後は、抗力、揚力、重力のかけ引きの中で飛んでゆくことになります。

次のページの図2は、4つの基本の力を表したものです。この基本の力の知識は、紙飛行機作りに大きく役に立ちます。飛行機を作るとき、飛行に関するいろいろな難問にぶちあたります。しかし、飛行とは、この4つの力のバランスを取ることだと知っていれば、問題解決も早くなります。

さて、飛行機には4つの力が作用しているとわかったところで、次に飛行機の基本的な構造を見てみましょう。図1は、動力付きの飛行機の各パーツを示したものです。

各パーツの位置を変えてみると、その結果を簡単に予測することができます。たとえば、主翼をずっと後ろのほうに移動して、エンジンはそのままいちばん前に残したとします（図3）。すると重心は、空力中心（揚力の中心点）よりもずっと前に移動してしまい、飛行機は飛べずに落ちてしまいます。

しかし、主翼といっしょにエンジンをいちばん後ろに移動して、前方に水平安定翼をつければ（図4）バランスが保たれます。

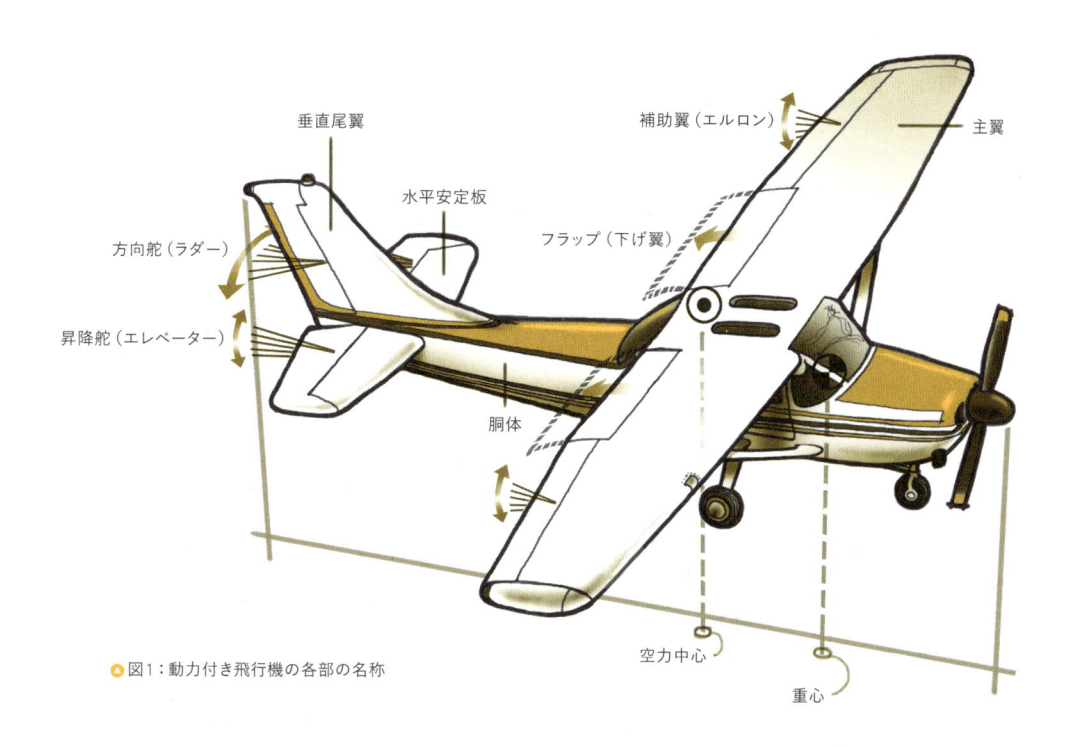

図1：動力付き飛行機の各部の名称

垂直尾翼
水平安定板
方向舵（ラダー）
昇降舵（エレベーター）
胴体
補助翼（エルロン）
主翼
フラップ（下げ翼）
空力中心
重心

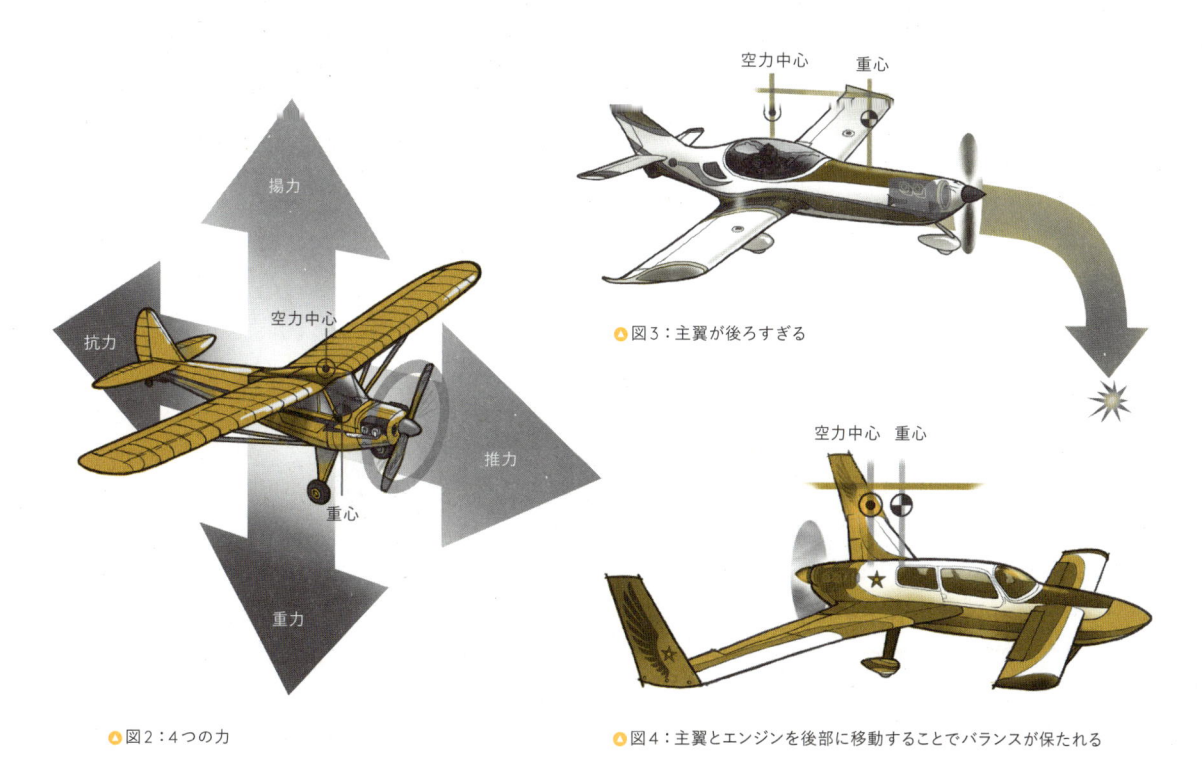

図2：4つの力

揚力
抗力
空力中心
推力
重心
重力

図3：主翼が後ろすぎる

空力中心　重心

図4：主翼とエンジンを後部に移動することでバランスが保たれる

空力中心　重心

翼の形

　第一に言えるのは、紙飛行機では「薄いものが勝つ」ということです。平らな翼は、厚い翼や湾曲した翼に比べて抗力が低いためです。実際の飛行機では事情が異なります。くわしくは後で述べましょう。紙飛行機には、基本となる形が2つあります。四角と三角です。以前、滞空時間（どれだけ長く空中に浮かんでいられるか）で世界記録を打ち立てたのは、四角い飛行機でした。しかし、今の滞空時間記録を保持している飛行機は、先端が三角形で後ろが四角い形をしています。

　紙飛行機をデザインするうえで大切な要素のひとつに、**アスペクト比**があります。簡単にいうと、翼の左右の長さ（翼幅）と前後の長さ（翼弦長）の比率です。グライダーにとって理想的なのは、幅が長くて細い翼です。カモメやアホウドリの翼を想像してください。そうした翼は**アスペクト比が大きい**と表現されます。言いかえれば、翼の両端までの長さが、前端から後端までの長さよりもずっと大きいということです。とはいえ、カモメのような翼を持つ紙飛行機は、設計者泣かせでしょう。力いっぱい投げたときに、翼がその力に耐えて、翼の性能を十分に発揮できなければなりません。アスペクト比の大きい翼の紙飛行機は、構造的な強度の面で、作るのがとても難しいのです。

　さて、四角と三角の紙飛行機の基本の形に話を戻しましょう。三角形の紙飛行機の利点は、紙が重なる部分が飛行機の中心近くにくるために、全体的な強度が上がるところにあります（投げる力に耐えて、形がくずれにくい）。それに対して四角形の紙飛行機の利点は、グライダーとしての効率がよいところにあります。つまり、高度の下がり方に対して、前に進む距離が長いということです。

　紙飛行機の形状は、どこに**空力中心**がくるかに

⬤図5：紙飛行機の翼は、できるだけ薄くしなければならない。しかし本物の飛行機では、翼を厚くすることに大きな利点がある

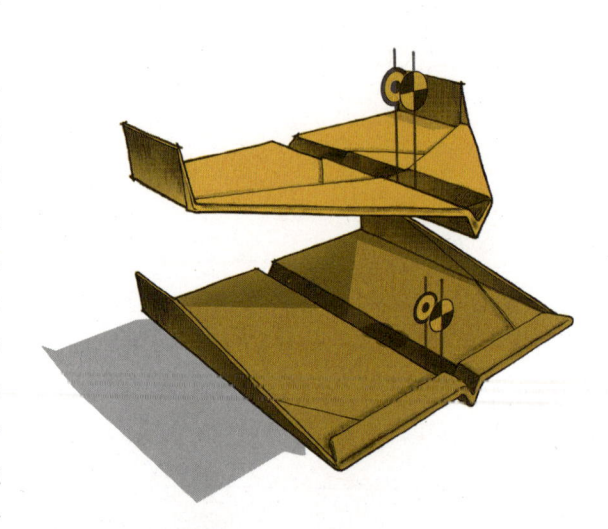

⬤図6：翼の形の比較
現在の滞空時間の世界記録を持つ飛行機（上）と、それまでの記録を持っていた飛行機（下）

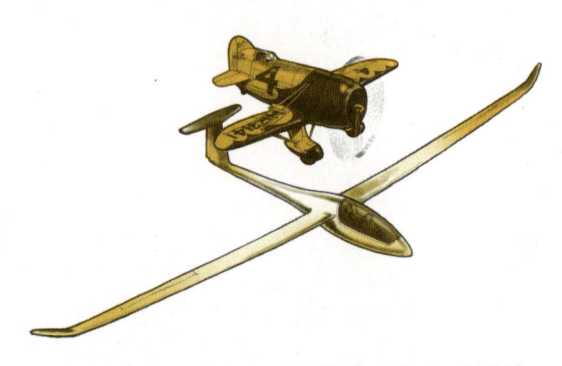

⬤図7：上はアスペクト比が小さい翼の飛行機、下はアスペクト比が大きい翼の飛行機

よって決まります。投げた後に飛行機が前進できるようにするためには、空力中心よりも少し前に**重心**がくるようにします（空力中心と重心については、15ページの図2を見てください）。

　四角い紙飛行機では、重心を空力中心の前に置くために、紙の重さのほぼ半分が、先端または先端近くに集中するように作ります。三角形の飛行機の場合は、先端の翼の面積がせまい（**揚力面が小さい**）ために、重心はずっと後ろに置いても大丈夫です。

　この形状と重力の重心とのバランスをどう取るかが、紙飛行機作りの永遠の楽しさでもあるのです。本当に効率的なグライダーなら、強く高く投げる必要がないため、構造的強度を犠牲にして翼を細長くして滞空時間を延ばすことができます。そんなかけ引きがおもしろいのです。

　また、距離を競う飛行機の場合は、できるだけ強く投げなければなりません。そのため翼の端や胴体には、紙を何枚も重ねて強くする必要があります。まっすぐに飛ぶことも、距離を延ばすためには重要です。垂直尾翼を高くすれば進路は安定します。紙を何枚重ねるか、翼の幅をどこまで大きくできるか、垂直尾翼はどれくらい高くしたらよいか、どのくらいの力で投げればよいか、目標に応じて、こうし

たかけ引きを戦略的に考えるのです。世界記録を作った私の飛行機は、そんなかけ引きのひとつの妥協点といえます。別の解決策は、かならずあります。もっといい考えもあるはずです。

翼の角度

　もうひとつ、飛行を安定させるための要素として、**翼の角度**があります。飛行機の胴体に対して、前から見て、どのような角度で翼を取りつけるかです。図8を見てください。翼が水平線よりも上側についている角度を**上反角**（じょうはんかく）と呼び、下についているものを**下反角**（かはんかく）と呼びます。

　上反角をつけた場合、空力中心を重心の上に置くことができるので、姿勢を自動的に保つことができます。もし飛行機が横に傾いたら、重力の重心が機体を水平に戻そうと働きます。ただし、上反角が自動的に姿勢を保ってくれる代償として、ほんの少し抗力が増し、揚力が減ります。飛ぶということは、4つの力の奪い合いです。旅客機の場合は、効率が多少落ちても、安定性が優先されます。

寸法効果

　本物の旅客機と紙飛行機とでは、空気の流れに対処する方法が違います。私は、飛行機の速度が変化したときに空気の流れ方を変えることで、世界記録を出すことができました。しかしこの方法は、ボーイング747型機のような大きな飛行機には通用できません。

　紙飛行機の翼の上で空気の流れが急激に変化するのは、**寸法効果**が原因です。寸法効果は、次のように作用します。空気の分子は、大きさも特性

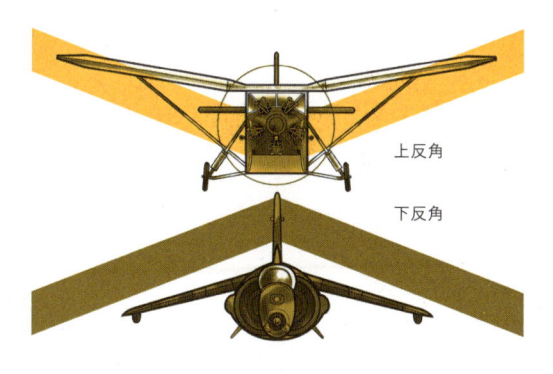

上反角

下反角

🔸図8：上反角と下反角

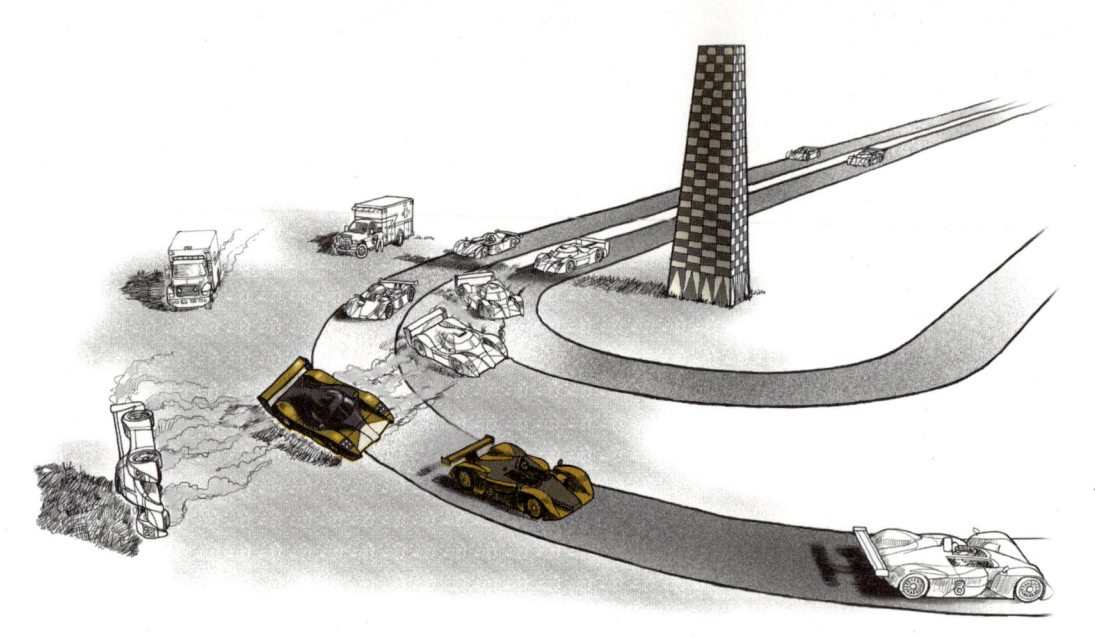

🔸 図9：空気の分子を、急カーブするレーシングカーにたとえてみよう。
速度を出しすぎると、ふんばりきれずにコースの外側に飛び出してしまう

も変わりません。飛行機の翼を大きくしても、空気の分子がいっしょに大きくなったりはしません。逆に、ボーイング747の翼を紙飛行機サイズにそのまま小さくしても、空気の分子は小さくならないので、比較的大きな分子が小さな翼の上で急カーブさせられることになります。図9のレーシングカーと同じです。

　ここでひとつ、おぼえておいてください。ボーイング747であれ紙飛行機であれ、高速で移動する物体にそって流れる空気には、まがり切れなくなる限界がある、ということです。こうした空気の流れの性質を正確に定量化してくれる、レイノルズ数と呼ばれる指標があります。レイノルズ数とは、空気や液体の、流れに働く慣性力と粘性力の比率を示すものです。これを使えば、飛行機のサイズを半分とか4分の1とかに変えたときの空気の動きが正確にわかります。なので、ボーイング747の実物大模型を作らなくても、小さな模型で飛行実験ができる

わけです。

　それと紙飛行機となんの関係があるのかって？紙飛行機では、翼はできるだけ平らなほうが望ましいということです。湾曲させないほうが、翼面を空気が安定して流れます（急カーブで放り出されずにすみます）。速度が変化すると、紙飛行機の小さな翼面では、先端から後端の間の空気の流れが劇的に変わります。本物の飛行機でも同じように変化しますが、翼が大きいぶん、その度合いは比較的小さくなります。大きな翼の上では、空気の分子の大きさの割合が、紙飛行機の翼との割合に対して小さくなるので、空気の分子にしてみれば、カーブがゆるやかになるのです。

失速

　失速とはなんでしょう？　**失速**とは、翼の上の空

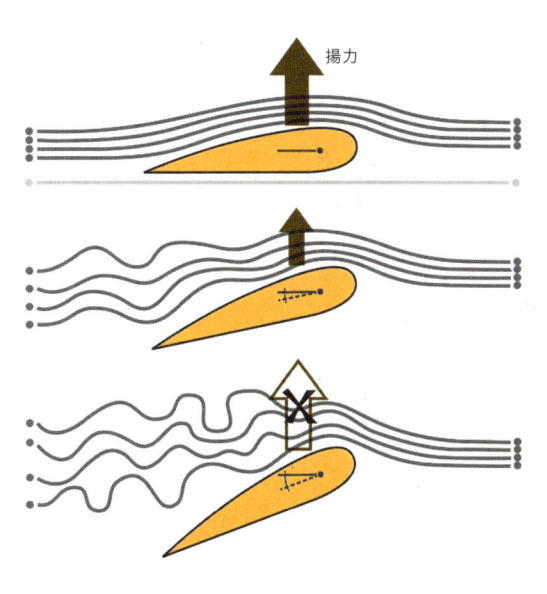

●図10：寸法効果
迎角が大きくなりすぎると失速が起きる

気の流れが乱れて揚力が失われることをいいます。これは、飛行機の速度が低下したときや、翼の角度が空気の流れに対して大きくなりすぎたとき（高迎角）や、この2つの原因が合わさったときに起こります。

　こうなると、空気は翼にそって流れることができず、十分な揚力が得られなくなり、その結果、失速状態となります（図10には、翼の迎角が大きくなりすぎて空気の流れが乱れ、揚力が失われる様子が示されています）。

滑空比

　高度の低下に対する、前に進む距離の割合です。よく、4:1とか50:1といった比率で表されます。たとえば　4:1なら、飛行機の高度が1メートル下がる間に4メートル進むという意味です。50:1の場合

は、飛行機が1メートル下がる間に50メートル進むという意味です。50:1のほうが4:1よりも、ずっと滑空比がよいということは、もうおわかりですね。

降下率

　これは滑空比と同じぐらいか、むしろもっと重要な比率です。少なくとも、競技ではこの**降下率**が重視されます。降下率とは、一定の時間に、どれだけ高度が下がるかを示す比率です。うんと軽い飛行機なら、滑空比が小さくても、降下率は高くなります。そうした飛行機は、滑空比の高い重い飛行機よりも、長時間飛んでいられることもあります。たとえば、滑空比が1:1でも、1秒間に30センチしか下がらない飛行機は、滑空比5:1で1秒間に60センチ下がる飛行機よりも長い間飛行できます。滞空時間の競技では、飛行機が地面に落ちるまでの時間が競われます。滑空比もよいにこしたことはありませんが、同じ高さから飛ばした場合、勝つのは降下率が低い飛行機です。

操縦翼面

　最初に説明した4つの力のバランスの取り方は、すぐれた飛行機を作る際の第一段階です。次は、うまく飛行させる方法を考えましょう。そこで重要になるのが**操縦翼面**です。操縦翼面とは、飛行機の翼に備えられている動く部分のことをいいます。方向舵（ラダー）、昇降舵（エレベーター）、補助翼（エルロン）などがそれにあたります。昇降舵は飛行機の上下運動を、方向舵は左右の旋回を、補助翼は機体の傾きをコントロールします。それぞれの操縦翼面については、後でくわしく解説します。

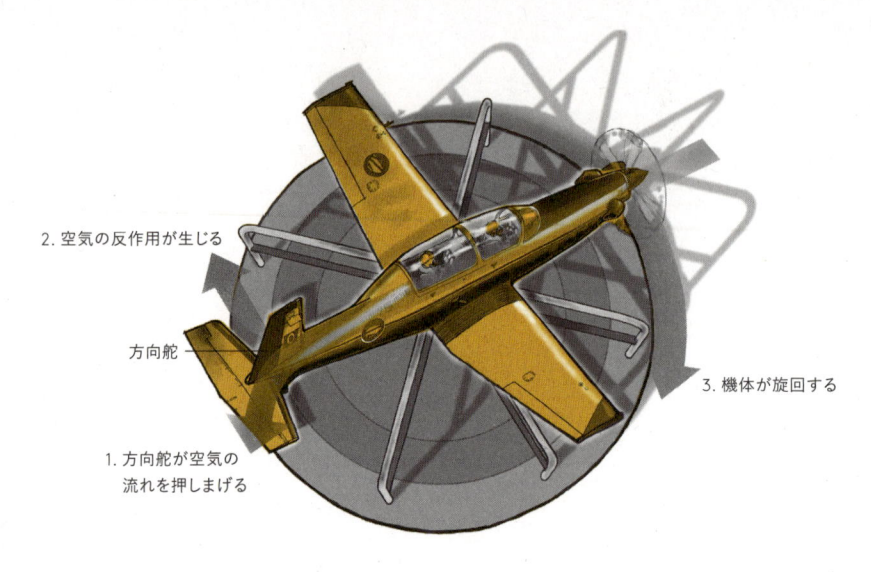

2. 空気の反作用が生じる

方向舵

1. 方向舵が空気の
　流れを押しまげる

3. 機体が旋回する

🔸 図11：方向舵を右に切ったところ

走っている自動車の窓から、少しだけ手を平らにして出してみましょう。これはあくまで空気力学の実験です。イタズラではありません。決してドアミラーよりも外に出さないこと。車の進行方向に親指を向け、手のひらを地面に向けて、水平にします。手のひらをほんの少し動かすだけで、手が風に押されて上下左右に動かされる感じがします。親指の側を上に傾けると、手のひらに空気がぶつかり、その反動で手が押されます。親指の側を下に傾けると、今度は手の甲に空気があたって上にはね返ります。その反動で、手は下に押されます。飛行機の操縦翼面も、これと同じ原理を利用しています。空気が操縦翼面にあたることで、飛行機が上下左右に動いたり、傾いたりするのです。

ふつうの飛行機では、フラップと補助翼は主翼の後端についています。しかし紙飛行機の場合、重要なのは昇降舵と方向舵です。技術的な言い方をすれば、ほとんどの紙飛行機は **一 体 翼**（ブレンデッドウィング）構造になっています。主翼と尾翼が分かれていない形です。ブレンデッドウィングでは、操縦翼面の機能も

一体化されることがあります。たとえば、昇降舵が補助翼の役割もはたすものがあり、これは**エレボン**と呼ばれます。しかし、難しく考える必要はありません。紙飛行機には操縦翼面はほんの少ししかなく、機能もかぎられています。むしろ、操縦翼面の働きを学ぶには、ちょうどよい教材になります。

方向舵

方向舵による旋回の様子を見てみましょう。パイロットは、操縦装置で方向舵を動かして、空気の反動を生み出します。図11では、方向舵が機体の右側に傾いています。空気はこの方向舵にぶつかり、右に押しまげられます。その反動で機尾が左に押し出されます。

重要なポイント：飛行機は、飛行中は空力中心を軸にして回転します。そのため、機尾が左に押し出されると、機首は右に向きます。シーソーのようなものです。方向舵を左に切れば、飛行機は左にま

がります。機尾が右に押されるので、機首が左に向くというわけです。

昇降舵

昇降舵も、原理はまったく同じです。ただし、昇降舵は飛行機を上下に動かします（方向舵は水平回転、つまり左右の動きです）。

方向舵と昇降舵の操作は、飛行機の操縦の基本中の基本です。紙飛行機では、方向舵と昇降舵だけがあればコントロールできます。本物の飛行機の場合は、もっといろいろな操作が必要になりますが。

次のページの図12を見てください。パイロットが昇降舵を上に向けると、空気が昇降舵にぶつかり、流れが上に押しまげられます。その反作用で機尾が下がり、機首が上がります。

補助翼

方向舵を使うと、機体はゆっくり旋回します。横すべりをするような感じで、大きな円を描くからです。本物の飛行機や、精巧なラジコン飛行機には、もっといい方法で旋回ができる仕組みがあります。自転車で急カーブをしたいときは車体を傾けますが、飛行機も機体を傾けてまがることができるのです。これを**ローリング**（前後の軸に対して回転すること）と呼びます。ローリングは補助翼で行います。図13を見てください。補助翼は昇降舵に似ていますが、尾翼ではなく主翼についています。本物の飛行機では、主翼の、胴体から離れたいちばん端にあるのが補助翼です。

右の翼だけ、ちょっと空気の流れを下に押しまげたと想像してください。右の翼は上に押し上げられ

ます。空力中心は、このときもシーソーの支点の役割をはたします。なので、右の翼が上がれば、左の翼が下がります。そして飛行機全体が左に傾きます。この状態で昇降舵を上げると、飛行機は左に機首を向けて旋回します。

機体を傾けて旋回する様子は、飛行場に離発着する飛行機を見ているとわかります。方向舵だけでは飛行機の向きを正確にコントロールすることができません。補助翼を使ってターンする必要があります。タカやカモメのような空を滑空する鳥も、補助翼と同じ原理で、羽を使って体を傾けて旋回しています。彼らは補助翼ターンのエキスパートです。

フラップ

本物の飛行機には、補助翼のほかに、図14に示したような**フラップ**（下げ翼）がついています。フラップの役目はとても簡単。ゆっくり飛ぶときに主翼を大きくすることです。フラップは、飛行機の離陸時と着陸時に主翼からせり出して翼の幅を広げ、**揚力面**を拡大します。飛行機を設計するときは、飛行機そのものと搭載する人や物を持ち上げるのに最低限必要な揚力だけを持たせるようにします。必要以上に翼を大きくしても、抗力が大きくなって、燃料をよぶんに使うだけですからね。問題は、離陸と着陸を効率よく行うことです。翼を広げてやれば、遅い速度でも飛び上がることができます。ジャンボジェット機にフラップがなかったら、空港をどれだけ大きくしなければならないかわかりますか？　滑走路は今よりずっと長くしなければなりません。着陸装置をもっと頑丈にして、対地速度を時速480キロにまで上げないと飛び上がれないのです。

フラップは、速度が遅いときに翼面を広げることで、この問題を見事に解決してくれます。飛行機が

ひとたび巡航速度に達すると、フラップは主翼の中にきれいに収まってしまいます。フラップは、通常、主翼の胴体にいちばん近いところにある操縦翼面です。私はまだ、フラップのある紙飛行機を発明していません。フラップの知識を得たみなさんなら、発明できるかもしれません。飛行中に翼面が広がる紙飛行機の設計なんて、わくわくしますよね。

しかし現実はちょっと複雑

この章の始めに示した基本の力の図を見ると、

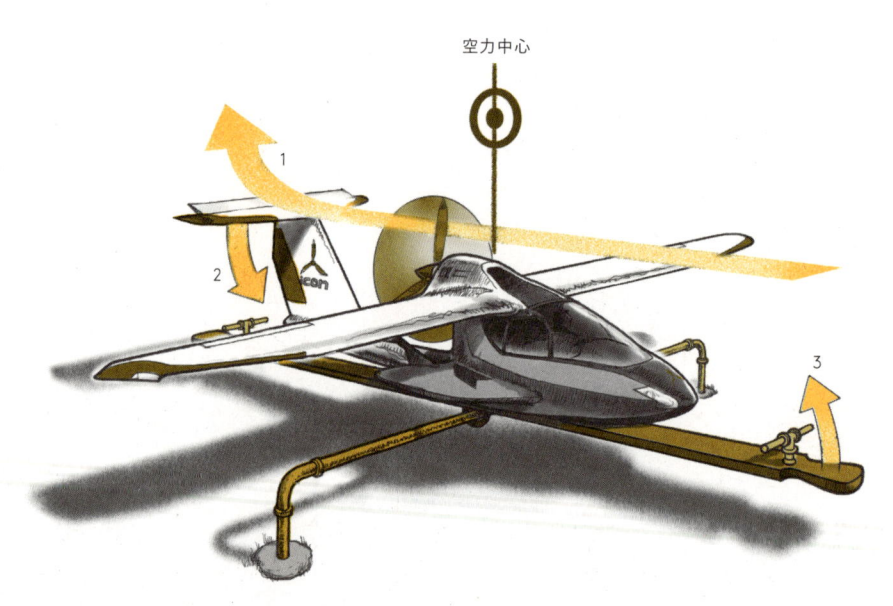

空力中心

● 図12：昇降舵を上げたとき

● 図13：補助翼を使って機体をローリングさせる

翼の面積を大きくすると
揚力が大きくなる

● 図14：フラップを使って機体を持ち上げる

みんな納得してくれます。しかし、揚力が生まれる原因と結果をよくよく見てみると、物事はレールをはずれてちょっとあやしい方向に走り出します。でも、私は飛行機のそんなところが大好きです。そうなのだと教えこまれてきた、動かしようのないガチガチの科学理論とは違う話になってきます。私たちが口を突っこめる余地が、まだまだあるのです。

　まず知っておくべきは、科学はすべて、いろいろな現象の理由を、うまく勘を働かせて言い当てたものにすぎないということです。歴史のどの時点においても、その当時に宇宙の仕組みについて「わかっていた」ことの90パーセントは大はずれです。もうひとつ、びっくりすることがあります。私たちが知っていることは、その物事を本当によく観察できる能力の範囲内でしか証明できないということです。言いかえれば、使える道具によって、いつだって制限されるということです。ばい菌やバクテリアのことは、顕微鏡がなければ本当にはわかりません。何かの現象を見て、その理屈を推測できたとしても、ばっちり正解ということはありません。飛行の秘密を探る私たちの能力は、空気と重力の性質によって邪魔されてしまいます。飛行という現象はいつでも目に見えますが、その原理は目に見えないのです。

　では、気晴らしにちょっと考えてみましょう。これから揚力に関連する理論をいくつか紹介します。これらは飛行理論の経典のようなものですが、どうか肩ひじ張らずに、気楽に読んでみてください。

ベルヌーイの法則

　物理の先生が飛行の原理を説明するときは、スイスの数学者で有名な理論家のダニエル・ベルヌーイ（1700－1782）から話し始めるのがふつうです。ベルヌーイは、調和振動、気体分子運動、そしてかの

有名な流体力学研究の先駆者です。彼は、深い井戸から水をくみ上げるために僧侶たちに雇われたそうですが、私はそのエピソードを人に話すのが大好きです。その仕事を引き受けるには、パイプの中の圧力の差について理解することが重要でした。

　ベルヌーイの流体の研究は、その後、空気の流れを予測するための適切な手段であると考えられました。彼の一連の研究は、ライト兄弟が飛行機を飛ばす、およそ180年前に完了しています。ベルヌーイの理論と飛行との関係が結びつけられたのは、さらにその後のことでした。それぞれの発見が、時代と、距離と、作用によって分断されていたのです。ああ、科学の無情……。

　電気工学の学位を取ったばかりの弟のジムは、学校でこう教わったそうです。空気を大きなゼリーのかたまりだと考えなさい。飛行機の翼は、その先端でゼリーを切りさきながら、その中を進みます。翼の上面と下面に接している部分のゼリーは、上下に押し縮められます。

　翼の下面に比べて湾曲の大きな上面では、そのカーブにそってゼリーは長い距離を移動しなければなりません。ベルヌーイの研究によれば、閉じた空間では速く動く流体は負圧を生みます。そのため当然のこととして、翼の上面の気圧が下がります。気圧が下がるということは？　そう、揚力です。この因果関係は、よく次のように言い表されます。「速く動くゼリー（空気）は負圧を生む」。難しいですか？では、その考え方を図解した図15を見てください。

　その後、教授はゼリーの量、翼の表面、速度をさっと微分して見せました。すべてはベルヌーイの法則に当てはまります。教授は学生たちの拍手に応えてお辞儀をしました。舞っていたチョークの粉が落ち着くころ、学生たちはひとつの謎が数学と科学によって見事に解明されたと納得しました。いや、でもちょっと待って。

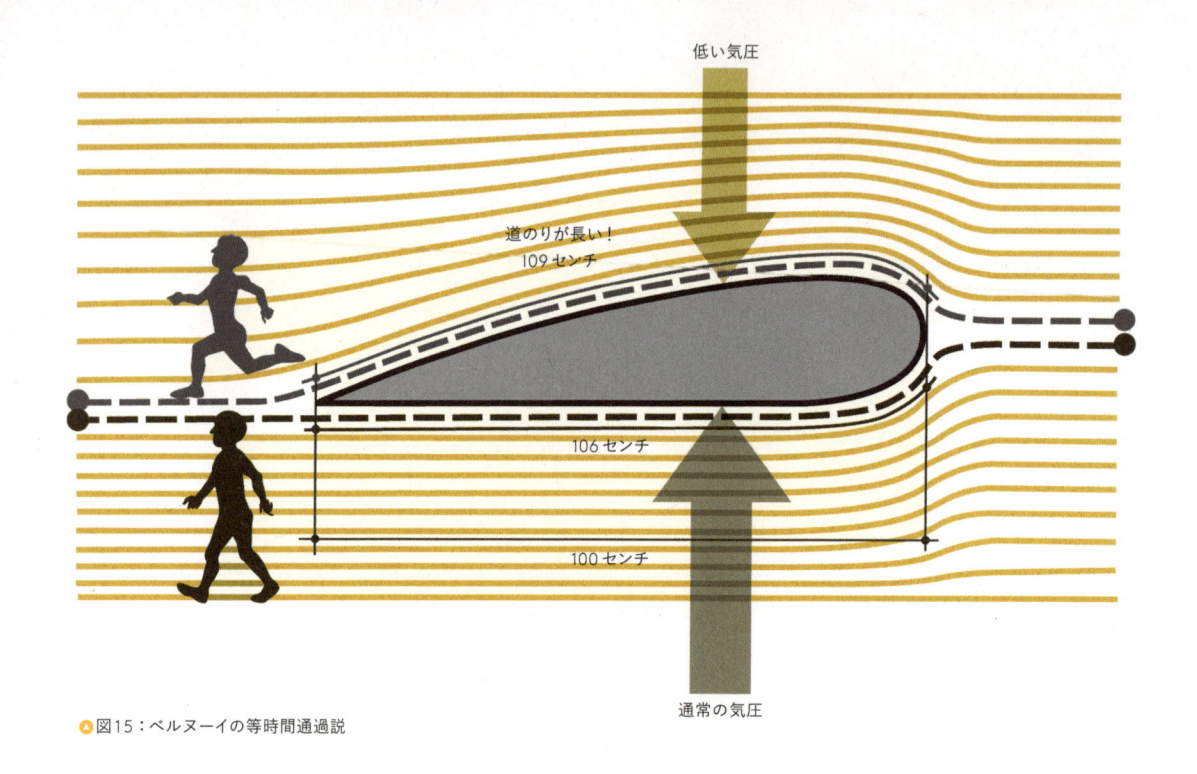

低い気圧

道のりが長い！
109センチ

106センチ

100センチ

通常の気圧

● 図15：ベルヌーイの等時間通過説

よく考えてみましょう。ベルヌーイは閉ざされた環境、つまり水道管の中で実験していました。空は、閉ざされた空間とは思えません。大気の静圧が閉鎖系を作ると主張する人もいます。そうかもしれません。でも、そこからまた疑問がわきます。「開放系とは何で構成されているのだろうか？」

もうひとつ。ゼリーを大気に見立てたこの考え方では、翼の上面を通過するゼリーと、下面を通過するゼリーは、同時に翼の先端から出発して、同時に翼の後端で交わることになっています。これを**等時間通過説**といいますが、どうも実際とは違います。

もし、空気に色をつけることができて、翼の上と下に違う色の空気を流せば、上の空気のほうが先に翼の後端に到着することがわかります。翼の下を流れる空気よりも、上を流れる空気のほうが確実に速いのです。なので、等時間通過説など「たわごと」なのです。おっと、言いすぎましたか。でもこの件に関しては、本当に正しい説を組み立てるより、他人の理論にケチをつけるほうがずっと簡単なのでね。

揚力の"かたまり"？

空気力学の研究者の中には、別の説をもっともらしく唱える人もいます。私は、そっちのほうがちょっとだけ好きです。それは、翼の先端にぶつかったとき、空気はひとつのかたまりになるという説です。これには納得がいきます。摩擦というものがあります。翼の表面は完璧にツルツルではないので、空気の流れは遅くなります。湾曲した翼の上面では、より多くの空気がかたまりとなり（集群）、図16に示したような、空気の集群効果が起こります。

空気の集群は、翼の両面の気圧の差によって生じます。空気が集まることで気圧が下がるのです。翼

の先端で空気は摩擦によって押し止められます。そのため後ろのほうでは空気が薄くなります。その気圧の差をうめようと、空気は大急ぎで翼の上面を流れていき、後端では翼の下面を流れてくる空気よりも早く到着します。この因果関係を一言で説明すると、こうなります。「負圧が空気の流れを速くする」。これはベルヌーイが提唱した因果関係とは真逆です。

大きさが同じで向きが反対の反作用

さて、話はいよいよおもしろくなります。どちらももっともらしいけど、正反対のことをいっている2つの理論を解説しました。私は後者の説を取ります。翼の先端で空気が押し止められるという説のほうが、現実的のように思えるからです。それに、それは閉じた世界の理屈ではありません。空気は、私たちが見たかぎりでは、いくらでも速く動けます。この説における気圧系は、私たちがいつも聞いている気圧系と同じように振る舞います。つまり、空気は気圧の高いところから低いところへ流れるという

ものです。これ以上の説明があるでしょうか？

しかし、ひとつだけ小さな問題があります。アクロバット飛行用の飛行機やジェット戦闘機には、翼の上下の湾曲が同じ形になっているものが多くあります。それでも、揚力は生じるのです。それをどう説明したらよいのでしょう？　正しい面を上にした場合、それをひっくり返した場合、高速飛行の場合、低速飛行の場合のすべてに当てはまる説明でなければ、納得できません。そんなのはあるのでしょうか？　あるとはいえません。しかし、飛行理論の研究者の中には、空気の流れの向きが変わることですべて説明できると主張する人たちもいます。

え、ニュートン？　アイザック・ニュートン？

走っている自動車の窓から手を出したときのことを思い出してください。親指の側を少し上げると、風が手のひらにあたって押し上げられる感じがします。凧と同じです。アクロバット飛行用の飛行機は、この方法で大きな揚力を得ています。断面の上下

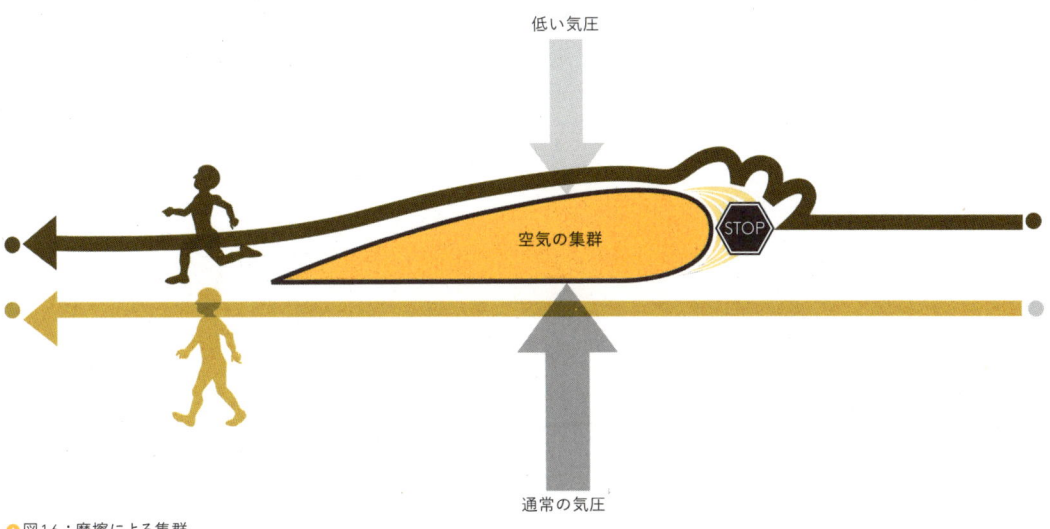

低い気圧

空気の集群

STOP

通常の気圧

🔸 図16：摩擦による集群

が対称形をした主翼なので、強力なエンジンが必要です。この翼は、水平飛行のときには揚力が生じません。

ちょっと前のところで、主翼の上の面が湾曲して、下の面が平らなとき、上を流れる空気が下を流れる空気よりも先に翼の後端に到着すると説明しました。それによって、翼の後端から離れた空気は、そのまま下向きに流れます。そこを見て、飛行の原理はとても簡単に説明できるという人もいます。ニュートン力学の作用と反作用です。空気が下向きに流れると、翼は上に押し上げられます。ニュートン力学を説明した図17を見てください。

負圧は、空気を勢いよく放り投げるためのメカニズムにすぎません。これを迎角の効果にくわえてもいいでしょう。いろいろ持論を持つのはよいことですが、私はシンプルな考え方が好きです。ひとつ言えるのは、湾曲した翼の上面に生じる負圧だけでは、心細いということです。

コアンダ効果はどうだろう？

あくまで科学実験の名目で、ビーチボールを借りるか買ってきてください。空気でふくらませてプールや海で遊ぶ、大きくて軽いビニールのボールです。さて、これから次のような科学実験が始まります。このボールを、バックスピンをつけて前に投げたら、どうなるでしょうか？　バックスピンとは、飛んでくるボールを前から見たときに、下から上に（ボールの下面がボールと同じ方向に）回転する状態のことです。わかりづらいですか？　私も最初はまちがえました。

ボールを投げる前に、理論の説明をしておきましょう。**コアンダ効果**というものがあります。空気（または流体）は、接触した物体の表面にそって流れる性質があるという理論です。昔から知られているのは、水道の蛇口から流れる水にスプーンの裏側を当てると、流れはスプーンにそってまがるという現象です。やったことのない人は、今すぐやって

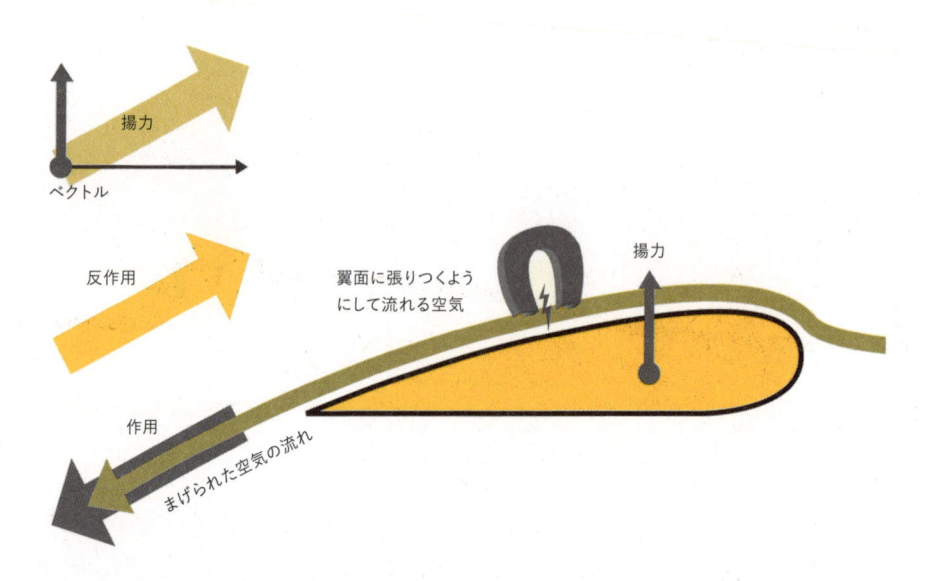

●図17：ニュートンが唱えた作用と反作用の法則
翼の後端では、翼にそって流れてきた空気が下向きに押し出され、翼は上に持ち上げられる

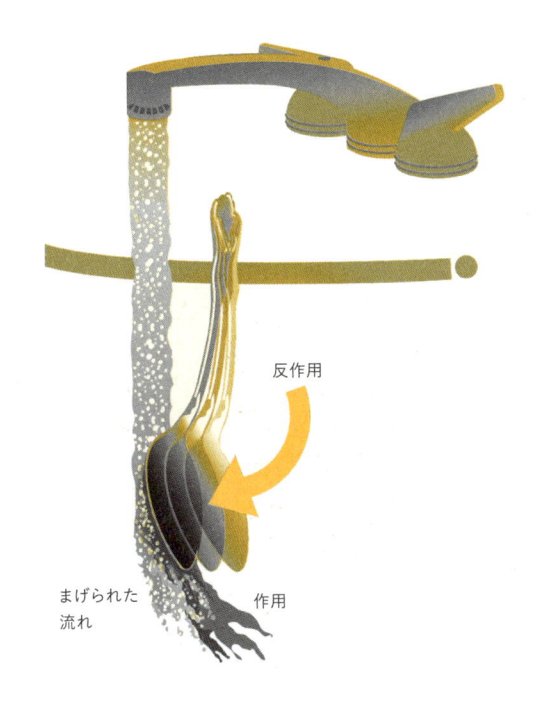

図18：コアンダ効果の例
空気は翼全体の表面にまとわりつくように流れる。これを「コアンダ効果」という。水道の蛇口から水を細く出して、スプーンの裏側（山になっている側）で水の流れに触れてみよう。コアンダ効果によって水の流れがまがる

みてください。または図18を見てもけっこう。水はスプーンの裏側にそって、はっきりとまがります。さあ、私のことは気にせず、やってみてください。

スプーンや飛行機の翼やビーチボールにそって空気が流れるという現象は、揚力を理解するうえで重要な鍵となります。

さて、ビーチボールはどのように飛ぶか、考えましたか？　最初に私が立てた予測は、ボールは床に向けて急降下するというものです。これはまちがいでした。なぜそう考えたかというと、ボールの下側は、前からの空気の流れに対して、上側よりも速く動くことになるので、ベルヌーイの説に従えば、空気が速く流れて気圧が下がり、ボールは下に引っ張られるはずだからです。しかし、これは不正解。

正解はこうです。空気は、ボールの表面に貼りつ

こうとします。ちょっと複雑な話になるので、図19を見てください。小さな空気のかたまりがボールの表面にくっつき、それが前から流れてくる空気と衝突します。そのため、ボールの下側では空気の流れが遅くなります。ボールの上側は空気の流れと同じ方向にまわっているので、空気の流れる速度が上がり、ボールにそっていられる距離が長くなります。そのため、ボールの上側では気圧が下がり、空気の流れは下にまげられます。そうして、ボールの進路は上にまがるのです。野球ボールのカーブも同じ原理で、前に向かって回転する側と反対方向にボールはまがります。ゴルフのボールがまがってしまうのも同じことです。続けざまに球スジがフックしてしまった大人に、こんな説明をしても怒られるだけでしょうが。

飛行の原理が複雑なのは、明らかです。この章の最初に言ったとおり、どうして飛行機が飛ぶのか、その理由ははっきりとわかっていません。おそらく、ここで説明したいくつもの理論や、その他の理論がいろいろと関係して飛ぶのでしょう。紙飛行機の世界は、それらしい理論を自分で考えてテストするという、不思議な現象を理解するための昔から行われてきた手法が活かされる場所です。ひとつの現象にいろいろな理論が当てはまるというのは、この科学的手法に慣れている人なら、あたり前と思えるでしょう。科学とは、そういうものです。いちばんいいと思った理論を信じればいいのです。

未開拓の飛行理論

因果関係という考え方は、確立された科学からずっと遠いところにあります。紙飛行機のような小さな翼の上では、なおのことです。実際の飛行機の世界では、厳格な観察と測定を通じて、翼の形

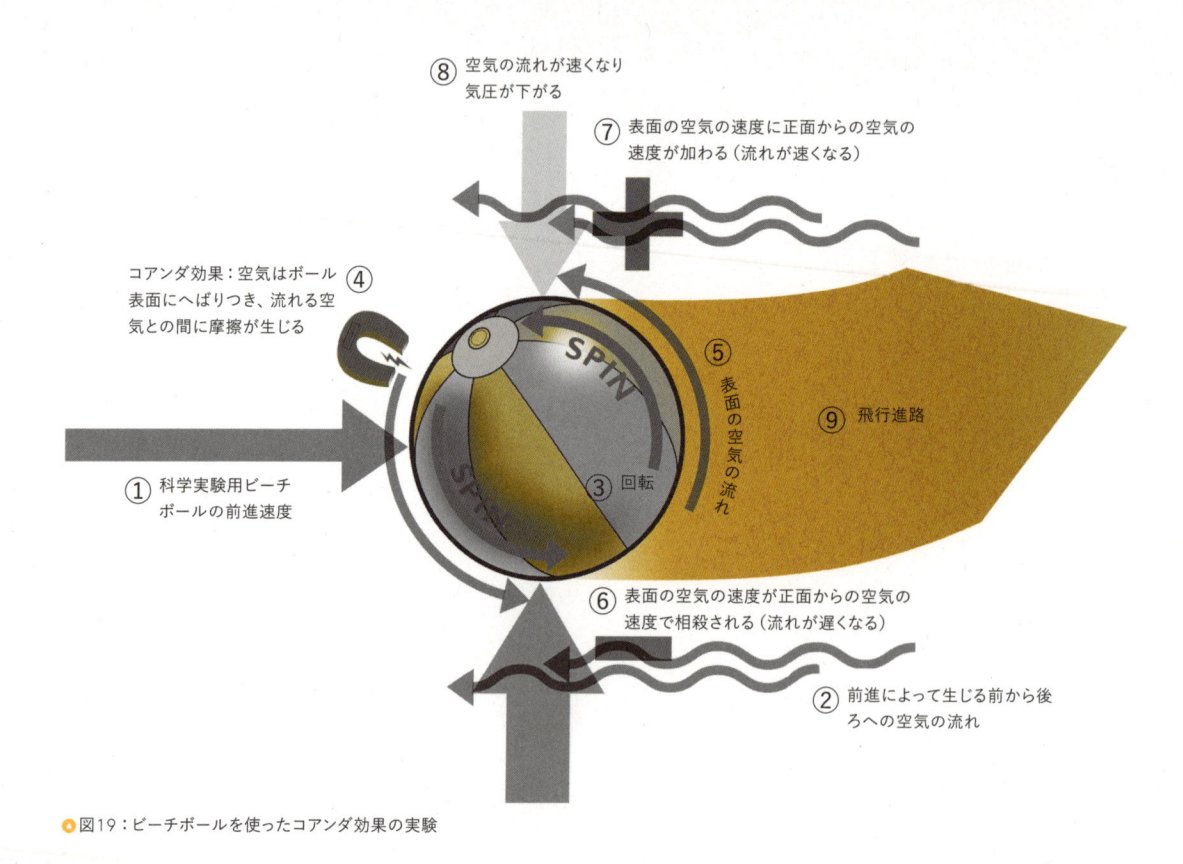

⑧ 空気の流れが速くなり
気圧が下がる

⑦ 表面の空気の速度に正面からの空気の
速度が加わる（流れが速くなる）

コアンダ効果：空気はボール
表面にへばりつき、流れる空
気との間に摩擦が生じる ④

⑤ 表面の空気の流れ

⑨ 飛行進路

SPIN

SPIN

① 科学実験用ビーチ
ボールの前進速度

③ 回転

⑥ 表面の空気の速度が正面からの空気の
速度で相殺される（流れが遅くなる）

② 前進によって生じる前から後
ろへの空気の流れ

🔶 図19：ビーチボールを使ったコアンダ効果の実験

や湾曲の度合いから揚力の大きさや失速の条件を知るという、驚くほど正確な計算式が作られました。これだけわかれば十分だという人もいます。残りの部分は、ニワトリが先か卵が先かの論争のように、ただ永遠に繰り返すだけで不毛だというのです。しかし私に言わせれば、それは負けを認めることと同じです。そんなのは、科学研究じゃありません。

　紙飛行機の本当の楽しさは、翼が小さくなるほど、空気の流れがカオスになるというところにあります。予想どおりには飛んでくれないのです。つまり、私たちは飛行理論の未開拓のさいはての地にいるというわけです。

　私たちが観察し、記録し、証明することは、本物の飛行機を理解するうえでも大変に役に立ちます。あなたが考えた新型の紙飛行機の試験飛行を学校の教室で行うときにも、その知識を頭に入れておけば役に立ちます。飛行機が大きくコースをはずれて黒板に激突したり、あるいは最悪の事態として先生に激突したときでも、飛行理論をまくし立てれば、うまく言い逃れができるでしょう。

2

投げ方と調整
THROWING AND
ADJUSTING

ほとんどの人は、紙飛行機にこんな釈然としない思いを抱いているのではないでしょうか。昔はすごくよく飛ぶ飛行機が作れたのに、今はぜんぜん作れない、と。昔と今、どちらも本当かもしれません。しかし、どちらも本当ではないといったほうが正しいでしょう。子どものころによく飛んだと思えた飛行機は、今のあなたの基準には達していないのです。それに、子どものときは、いい飛行機を1機作るために、山のような失敗作を折るだけの気力がありました。誰にだって、よく飛ぶ飛行機は作れます。ただ、昔はよく飛ぶ飛行機が作れたのに、今はぜんぜん作れない、という2つの思いが交差するところに、ひとつの問題があります。みんな、飛行機の投げ方と調整が下手だということです。そんなに怒らないでくださいね。これからその意味を説明します。

これから説明する技は、すべての紙飛行機に共通します。初歩的な飛行機にも、世界記録を更新した私の飛行機にも使えます。この章の話をよく理解するためには、紙飛行機をひとつ用意するとよいでしょう。まだ飛行機を作っていない場合は、ちょっと読むのをやめて、紙飛行機をひとつ折ってください。この本に載っている飛行機をひとつ選んで折ってもいいですよ。

さて、今あなたが紙飛行機を手にしていると想定しましょう。折り目はシャープに折られていて、翼は左右がぴったり同じ形になっています。この本の4章に掲載されたモデルを折った場合は、上反角や

ウィングレット（翼端小翼）の角度なども、写真のとおりに完成しているはずです。まずは飛ばして、遊んでみてください。それはあなたの飛行機です。どうぞ、強く、またはやさしく、何度か投げて感触を味わってください。私はここで待っています。

飛行機の飛び方をよく観察できましたか？　毎回同じように飛びましたか？　何度も飛ばして、何度も観察するうちに、投げ方と調整の意味がわかってきます。それでは、飛行と観察、投げ方と調整の、ちょっとしたコツをお教えしましょう。

その前に、守ってほしいことがあります。飛行機の翼の後縁（後ろの端）を持たないこと。理由を説明しましょう。手のひらの上に飛行機をのせてください。もう片方の手の人差し指と親指で、片方の翼の後ろのカドをつまんで、飛行機を支えていた手をはずします。ほら、紙がまがったでしょ？　これは、空気力学的には非常にまずいことなのです。どんなにきっちり調整を行っても、この持ち方をしてしまったらぶち壊しです。では、翼がまがってしまった飛行機をテーブルの上に置いてください。翼をまっすぐに戻したら、機首の近くの胴体で、紙がいちばん多く重なっている部分を探してください。そこが持ち手となります。これで飛ばす準備ができました。

△よい持ち方 　　　　　　　　　　　　　　　　　　△強くつかみすぎ。紙の層が押されて左の翼がゆがんでいる

飛行機を飛ばす

　よい投げ方は、よい持ち方から。いちばん厚くなっている部分を持つというのが原則です。紙飛行機では通常、そこが重心（紙飛行機愛好家の間では「CG」と呼ばれています）になっています。でも、本当のCGはどこなのか？ それは簡単に見つけることができます。針と糸を用意してください。飛行機の胴体の適当な場所に針を使って糸を通して、つり下げてみます。つり下げたときに、翼が地面と水平になる場所があります。そこが重心です。

　正しい持ち方の話に戻りましょう。1980年代のロックバンド「38スペシャル」の歌に、その極意が秘められています。「やさしくつかんで、離すなよ」

　よいつかみ方は、そんな感じの強さが最適です。落とさないぐらいの力でしっかりと支える。重なった紙を押しつぶしてしまったり、翼がゆがんでしまうほど力を入れてはいけません。38スペシャルもこう歌っています。「きつくつかんだら、ダメになる」と。思いあたる人もいるでしょう。

投げるときの調整

　投げるための持ち方がわかったところで、次に、飛行機に思いどおりの飛び方をさせるための調整を行います。適切な調整を行うためには、まず投げてみて、その飛び方をよく観察しましょう。

●右や左にまがる

　もし、投げたすぐ後に右や左にまがって、その後はまっすぐ飛ぶという場合は、親指の調整が必要です。ここでは、あなたは右利きだと想定して解説します。左利きの方は、左右を入れ替えて考えてください。右にまがってしまうときは、飛行機を持つ手の親指を少し下げてください（左利きの人は親指を上げます）。飛行機を持って、親指の位置を上下にずらしてみると、その理由がわかります。次のページの写真を見てください。親指の位置を変えると、投げるときの飛行機の角度が変わります。ほんの少し変えるだけでも、まがる角度は大きく変わります。やってみてください。飛行機を持っている手の親指を上下させると、飛行機は左右に傾きます（私の相棒で投げ手のジョーは、世界記録を達成したときにこの調整方法を発見しました。だから彼がクォーターバックで私が作り手なのです）。飛行機が

左にまがるときは、親指を少し上げます（左利きの人は下げてください）。

（上）親指が中間地点のとき
（中）親指を下げて飛行機を傾けたとき。これは、わかりやすいように大げさにやっている
（下）親指を上げると飛行機は右に傾く

●失速

　飛行機が急上昇して、失速して落ちてしまうときは、投げる角度をもっと低くします。私は、最初に投げるときは、いつも肩の高さから水平に投げるようにしています。最初の数回は、空気の中に飛行機をそっと押し出してやる感じです。飛行機をいくつか作るうちに、それぞれの飛行機の最大速度が、なんとなくわかってきます。その速度で投げるようにしましょう。安定した滑空ができるように投げることも大切です。そうすれば、どこを直せばよいかが見えてきます。直すべき問題点が、つねにどこかにあります。それが飛行機というものであり、紙で作られているということなのです。紙は、折られた瞬間から、元の状態に戻ろうとします。空気中の湿気を吸ったり、乾燥したり、時間が経てば形も変わります。いつも適正な飛行をさせるためには、つねに調整が必要なのです。

操縦翼面の調整

　投げ方の調整は、飛行機を正しく飛ばすためのひとつのテクニックですが、操縦翼面を使って、飛行機自体を調整することもできます。

●左右に飛行機を旋回させる

　飛行機の進路の水平方向を変えたいときは、方向舵を調整します。

　胴体の翼のすぐ下あたりが、方向舵を作る最適な場所です。飛行機の中には、**ウイングレット**を持つものもあります。これは、翼の両端を折って垂直にした小さな安定板ですが、方向舵としての威力を発揮します。とくに、すでに胴体に方向舵をつけているのに、それでも足りないときに有効です。

　次の写真のように飛行機を持ち、翼のすぐ下の

胴体を右に少しひねると、飛行機は右にまがります。さて、また航空力学の理論で、みなさんを退屈にさせる時間がきました。飛行機の胴体にそって流れてきた空気は、このひねった部分にぶつかります。流れは右方向に押しまげられ、機尾は左に押されます。飛んでいる飛行機は空力中心を軸にして回転するので、機尾が左に押されると、機首は右に向きます。

こんな理屈は、あまり深く考える必要はありません。とにかく、右にひねれば右にまがり、左にひねれば左にまがるとだけおぼえておいてください。最初は小さく。指の幅の半分ぐらいの長さで、幅は1ミリ程度です。これだけで、飛行は大きく変化します。

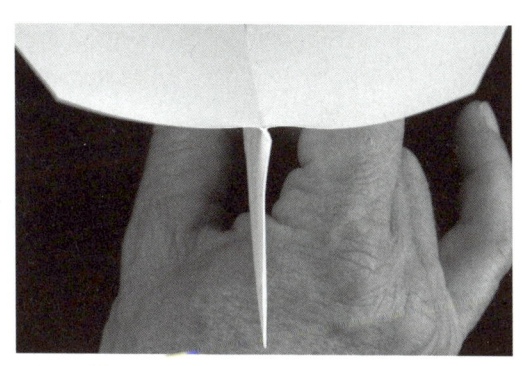

🔸 わかりやすいように大げさに方向舵をひねってあるけれど、実際はもっと小さく作る

●上昇または下降させる

もう察しがついているでしょうが、とりあえず説明します。方向舵と同じ理屈が、飛行機の上昇と下降にも使えます。翼の胴体と接しているあたりを上にひねると飛行機は上昇し、下にひねると下降します。下の写真を見てください。上向きに昇降舵をつけました。これも、わかりやすいように大げさにつけてありますが、実際はもっと控えめにします。それが秘けつです。

🔸 上向きの昇降舵を上から見たところ

●まっすぐ飛ばすには

「まげる方法はわかったけど、今度、飛行距離のコンテストに出ることになったので、まがってほしくないんだ」という人もいるでしょう。なるほど。よくぞ聞いてくれました。左にまがってしまうときは、方向舵を右にひねります。ほんのちょっとだけひねって、投げてみてください。どうですか？　まがってほしくない方向と反対側に方向舵や昇降舵をひねるのです。それでまっすぐに飛べるようになるはずです。右、左、上、下に大きくまがってしまうときに、この技がよくききます。まがってしまう反対方向にひねってください。

●きっちり正確に折ったのにまがってしまうのは、なぜ？

完璧に折れたはずなのに、まがってしまうのはなぜか。どこかに、完璧でない、ちょっとした折り目のずれがあるのでしょう。それによって、左右の翼の上半角がずれてしまうことがあります。紙が重なっている部分の厚みが、左右の翼でわずかに違うということもあります。こうしたずれは、見た目で発見するのは大変に難しく、修正するのはさらに困難です。そんなときは、ひとつひとつの問題点を修正しようとはせずに、方向舵や昇降舵の調整で対処したほうが得策です。経験者の私が言うのですか

ら、たしかです。

　調整は、ひとつの重要な技術です。しかし、それがすべてとは言えません。調整の基本的な考え方は、誰もがすぐに理解できますが、調整しすぎてしまう人が多いのが困りものです。ではどうしたらよいでしょう？　Wiiをプレイするときと似ています。何度もやってみて、経験を積むことです。

　調整は、妥協の積み重ねです。悪いところをひとつ調整をするごとに、ひとつずつ悪いところが増えます。抗力なのです。機体をひねると、そのたびごとに飛行機の速度は低下し、空気の中をすべるように飛ぶことが難しくなってしまいます。これは、みなさんへの宿題です。いろいろと工夫してみてください。きっちり正確に折らなければならない理由と、調整を最小限にすべき理由は、そこにあるのです。

3

折り方入門

FOLDING 101:
THE BASICS

何はともあれ、10ページの折り方の記号を見てください。基本的な紙の折り方の記号の一覧表です。この本の写真入りの折り方解説で、共通して使われているものです。それとは別に、まず飛行機以外にも使える一般的な紙の折り方も解説しましょう。半分に折るときのベストな方法や、正確に斜めに折る方法などです。これまで、正しい折り方を知らない人にどれだけ遭遇したことか。だから、あらためて正しい折り方を、この本で最初に解説しておこうと考えたのです。

　まずは折る前の準備として、平らできれいで、乾いている台を用意しましょう。私はガラス板が好きですが、硬いプラスティック板のほうがいいかもしれません。できるだけ、表面がツルツルしていることが重要です（私は、近所のプラスティック加工屋さんで硬いプラスティックの板を切り出してもらいました。世界記録を出した飛行機は、厚さ0.6ミリのプラスティック板の上で作りました）。

　では、作業に入りましょう。紙を半分に折ります。この本で、何度も何度も繰り返す動作です。

　たいていの人は、2つのカドを重ね合わせて、反対側の端に向かって紙をしごきます。もう一方のカドのことは、どうでもいい感じです。何がなんでもまっすぐな折り目を作ることだけを考えているので、もう一方のカドは合いません。しかも、大きくずれてしまった側は、いつも飛行機の後ろにされます。なぜなら、先端はきっちり正確に折らないといけないと思いこんでいるからです。違いますか？　正しい紙の折り方を、ひとつだけ教えてもらえるとしたら、半分に折る方法を選んでください。それから、ずれてしまった側は先端にして、きっちり合っているほうを後ろにしてください。これだけはお願いします。

紙を半分に折る方法
（はい、これが正しいやり方です）

　4つすべてのカドを最初に合わせるのが、よい方法です。上下のカドを重ねた左右のカドを両手の人差し指でしっかりと押さえながら、両方の親指で、折り目をつける側の左右中央を探ります。中央を押さえて折り目をつけたら、親指を外側にすべらせて、端まで折り目をつけていきます。片方の端から反対側の端まで一方向に折り目をつけるときと比べると、もしずれたとしても、その大きさは半分ですみます。これなら両方のカドがぴったり合います。どちらか、きれいにそろっている側を飛行機の後ろにします。

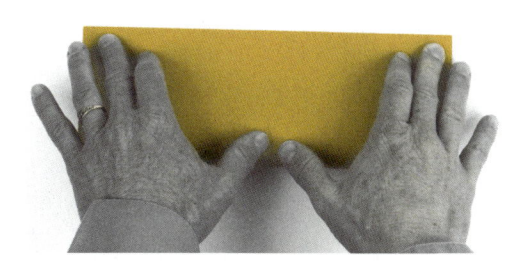

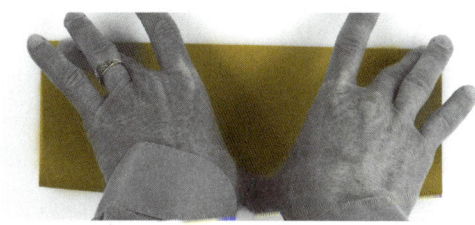

斜めに折る方法

　もうひとつ、みなさんが紙を台なしにする折り方がこれです。紙をしわくちゃにして、強引に「カドを合わせる」人をよく見かけます。これから解説するテクニックを使えば、カドをきっちり半分に折ることができます。

1.　折りたい側を決め、紙の上のフチをそちら側の縁にそろえます。軽く押さえるが、まだ折り目はつけません。

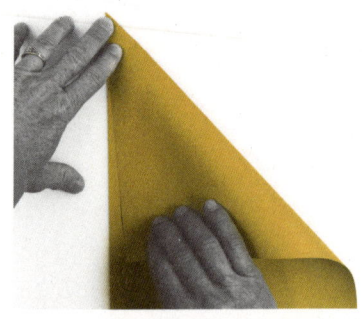

2.　カドとフチをだいたいそろえたら、三角に折るカドに指をスライドさせます。カドを台の上に指でしっかり押さえつけ、折り目をつけます。このカドをしっかりと押さえておくと、そこを軸にして上のフチを動かせます。

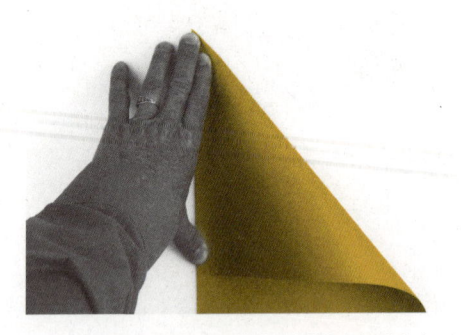

3.　カドを押さえたまま、フチをきっちりと合わせます。

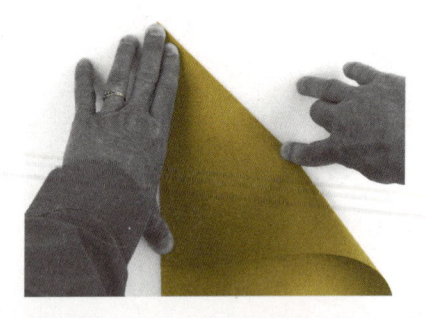

4.　フチが正確にそろったら、カドから下に向けて指をすべらせて折り目をつけます。

5.　カドと上のフチがずれないように、最後までしっかり押さえておくこと。

基本的な折り紙の技法

● 山折りと谷折り

紙の折り方は、突きつめれば2種類しかありません。山折りと谷折りです。つまり、上から見たとき、折り目が自分に出っ張っているか、下にへこんでいるかです。

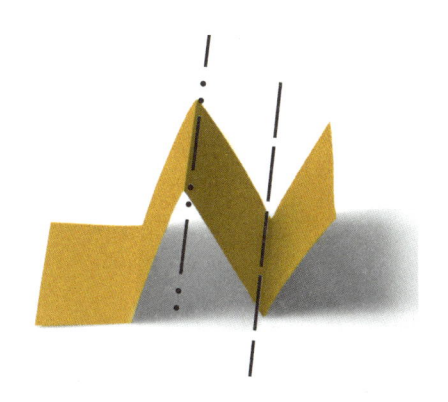

折り目が山のようになっているのが**山折り**、谷のようになっているのが**谷折り**（山とか谷とか大げさだけど、アリにとっては本当の山と谷のはず）。

● 紙風船の基本形

次のページの写真は、紙風船の基本形の折り方をステップごとに示したものです。たった3つの折り目で、とても便利な基本形が作れます。

私は、上側にできる三角形を、着陸脚や空胴やカナード（先尾翼）などに利用しています。使い方はアイデア次第です。どんどん試してみてください。私の紙飛行機歴は、ここから始まりました。とってもシンプルながら、ほどほど複雑な基本形です。

● 沈め折り

ときどき、私のように「頭のいい」人間は、紙風船の基本形のとがった部分を内側に沈めるデザインを思いつきます。じつはそれは、沈め折りと呼ばれる折り方です。山の頂上が沈んでしまったような形だから、そう呼ぶのだと私は思っています。紙飛行機の初心者が沈め折りの方法を見ると、難しそうで「気分が沈む」からかもしれません。要は、大きな正方形の中に小さな正方形を作り、

紙風船の基本形の小型レプリカを作るわけです。大小の正方形のどこが違うか？　それは、小さい正方形のすべての折り目が、大きな正方形の折り目の逆になっている点です。42ページに写真入りで折り方を説明しています。

● 中割り折り

先がとがった細長い形があって、それが縦2つに折られている状態を想像してください。その先端の一部の谷折りになったところを、山折りに反転させます。反転した先端の付近は、すべていっしょに裏返ります。折り目とは、なんと傲慢^{ごうまん}なことでしょう。中割り折りには2つの方法があります。中割り折りとかぶせ折りです。44ページの写真を見てください。

● つぶし折り

46ページで解説しているこの折り方は、紙飛行機作りでよく活躍する手法です。いくつもの紙の層を開いて押しつぶすことで、すっきりと平らにできます。中心線さえきっちりそろえれば、意外に簡単に習得できるテクニックです。

● 花弁折り

これぞ折り紙。着陸脚のような付属物や、鳥の頭なんかには興味がないという人は、このテクニックは不要かもしれません。手順は多いのですが、この折り方でしか作れないものがあります。あらかじめ折り目をつけておく作業が3つあります。折り方は47ページで解説しています。

• • •

飛行距離の世界記録を持っている紙飛行機には、高度な折りの技は一切使われていません。スザンヌも、折り目は8つだけです。正しく作れば、これらの折り方で、歴史上のどの機種よりも遠くに届く紙飛行機が作れます。単純なものをきちんと作ること。それが、最大のポイントです。

紙風船の基本形

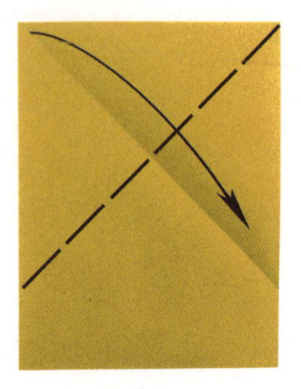

1. 斜めの折り目を2本つけます。

2. 紙を裏返します。

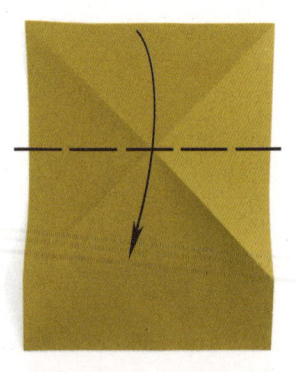

3. 斜めの折り目の交点を通過する上のフチと平行な線で折ります。

4. 折ったまま、紙を裏返します。

5. 紙が山形に立つ程度にまで折り目を開きます。

6. 折り目の交点を指で押します。

7. ぐっと押しこむと……。

8. ……両脇の紙が持ち上がってきます。

9. 両脇を中央に引きよせ、上のフチを手前に倒します。

10. 下の紙を指で押さえつけながら上の紙を折ると、簡単にできます。

11. 仕上げに、上の層をきっちり折って平らにします。

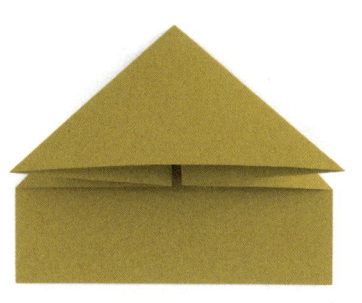

12. 完成した紙風船の基本形。私は今でも、これをいろいろな飛行機に応用しています。

沈め折り

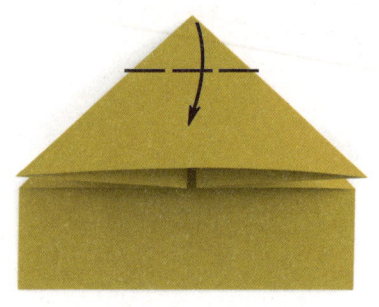

1. 紙風船の基本形から始めます。沈めたい場所を横に折ります。

2. 折り目を開きます。

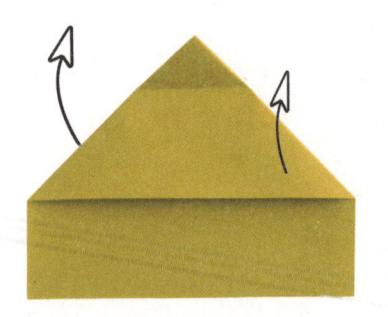

3. すべての折り目を開き、紙を裏返して、斜めの折り目が山折りの状態になるようにします。

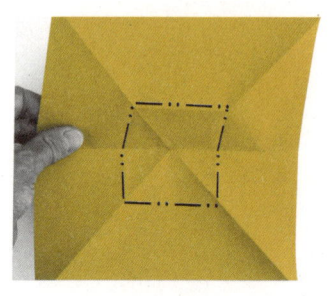

4. 小さな正方形の折り目を、すべて山折りに変えます。

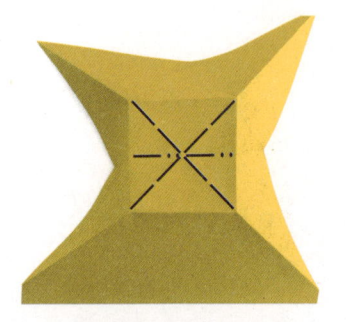

5. 小さな正方形の内側の折り目は、その外側の折り目と反対方向に折り直します。外側が山折りなら谷折りに、外側が谷折りなら山折りに。

6. 小さな正方形の内側の折り目を折りこみながら、元の紙風船の基本形に戻します。

7. 横から見ると、小さな正方形の内側が小さな紙風船の基本形になっていることがわかります。

8. すべての折り目をきれいに折って平らにすると……。

9. ……元の紙風船の基本形がきれいに戻ります。

10. 沈め折りの完成。てっぺんが沈んだ形です。たしかに、変な折り方ですが、この方法を使わないと作れないものもあります。

中割り折り

1. このように細くとがった部分で、よく中割り折りを使います。上が山折りで、下が開いています。

2. 先端を指でつまんで下に引っ張ります。

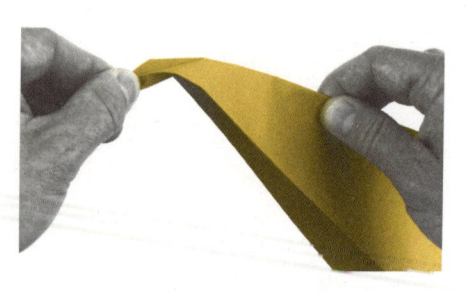

3. 引っ張った際の折り目を反対の谷折りにして指でつまみます。この状態で、すでにその先の部分も谷折りになって内側に入っています。

4. 希望する位置まで先端を引っ張ってまげます。

5. 折り返しの部分をしっかりと折って形を決めます。

6. 中割り折りの完成。

中割り折り　もうひとつの折り方

1. 中割り折りをしたい位置で先端を折りまげ、折り目をつけておきます。

2. 一度開き、折り目から上の山折りの部分を谷折りに変えます。

3. 中割り折りの完成。

4. 内側に折りこんだところを、外に折り返すこともできます（かぶせ折り）。写真の左がかぶせ折り。右が中割り折り。

つぶし折り

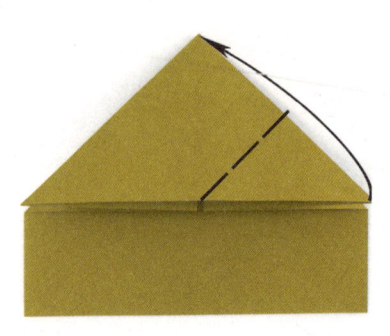

1. 紙風船の基本形を使えば、4カ所でつぶし折りの練習ができます。まずは、右側の三角のカドを上の頂点に合わせて折ります。

2. 折った部分を半分戻します。

3. 折った部分を袋状に開きます。

4. 立っている部分を上から押しつけて、上の折り目が下の折り目ときっちり重なるようにして、両側を折ります。

5. 折り目をよく押さえて平らにします。これで、つぶし折りの完成。

花弁折り

1. つぶし折りから始めます。つぶし折りをした両端を中央の折り目に合わせて折り、凧のような形にします。

2. 凧の上の部分を下に折ります。

3. 折り目をつけて戻し……。

4. ……最初に折った部分も開きます。

5. 折り目の小さな三角形ができるので、その底辺の谷折りになった線を蝶番のようにして、いちばん上の1枚を下から上に起こします。

6. 写真は上の紙を起こしたところ。

7. 下半分の谷折りになっている部分を、そのまま中央まで折りこみます。

8. 上半分は山折りを谷折りに変えて、内側に折りこみます。下半分と上半分のフチが中心でぴったり合ったら、そのまま折り目を押さえて平らにします。

9. 花弁折りの完成。

4

紙飛行機の折り方

THE PLANES

この章の最初を飾るのは、世界記録を打ち立てた「スザンヌ」です。ともかく、一度折ってみてください。その後、紙飛行機の世界のさらに奥地へと案内しましょう。ここに私の紙飛行機コレクションを紹介できることを、大変に誇りに思います。146ページからの「フォローフォイル」シリーズは、世界記録を樹立した飛行機というおまけがなくとも、それだけで一冊の本になってもおかしくない飛行機です。これらの飛行機の折り方を本で紹介できるようになるまで、10年かかりました。このすばらしい紙飛行機を折ることが、みなさんのオリジナルの飛行機作りを始めるきっかけになればと願っています。

　スザンヌを折るには、いくつかの道具をそろえる必要があります。この本に載っているスザンヌ以外の飛行機は、レターサイズの紙で折っています（A4で折ることもできます）。私が世界記録を出したスザンヌを折るときに使う道具と材料を、ここに紹介します。

1. ボーンフォルダー。しっかりとしたきれいな折り目をつけるための道具です。インターネットで検索すれば、売っている店が見つかります。ほかのもので代用もできます。ツルツルしていて、先が細くなっていて折り目がつけやすく、つかんで力が入れやすい程度に大きなものが適しています。私は、自分でデザインした専用のボーンフォルダーを使っています。私のサイト（www.thepaperairplaneguy.com）で販売しているので、よろしかったらどうぞ。

2. クリップ。飛行機をテープで留めるときに固定するための道具です。私はゴムのパッドがついたものを使っています。紙を傷つけないからです。

3. 薄くて軽いセロハンテープ。25ミリ幅のもの。スコッチテープでもかまいません。ギネスでは、かならずテープを使うようにとは決められていません。ただ、「1枚25×30ミリ以内の大きさ」と定められているだけです。

4. 定規。セロハンテープの長さを規定どおりに測ったり（56ページのステップ19）、飛行機の翼のテープを貼る位置を測ったりするのによく使います。

5. よく切れるハサミ。

6. カッターまたはセロハンテープを貼りつけるときに使う細い棒。プラスティックの箸がちょうどいいです。それほどとがっている必要はありません。

7. 分度器。最後の調整で上反角を測るのに使います。どんな分度器でもかまいません。

8. 紙。スザンヌに使用する紙は、イギリスのコンケラー（CONQUEROR）社製のCX22／ダイヤモンドホワイト／100gsm (g/m^2)、透かしなしのA4サイズがおすすめです。私の場合、最高にうまく投げられたのはコンケラーの100gsm (g/m^2) のレイド紙で折った飛行機でした。紙がでこぼこしているので投げやすいのです。しかし、後でくわしく話しますが、ジョーが高速で投げたときに壊れてしまいました。

アメリカではA4の紙が手に入りにくいのですが、レターサイズの紙の幅を19ミリせまくすればA4と同じ縦横比の紙ができます。世界記録を出したいと思うなら、多少のコストは覚悟して、コンケラーの紙を買うことをおすすめします。A4の紙が簡単に手に入る人はラッキーです。あなたは世界記録に一歩近づいています。（紙とサイズについては11ページ参照）

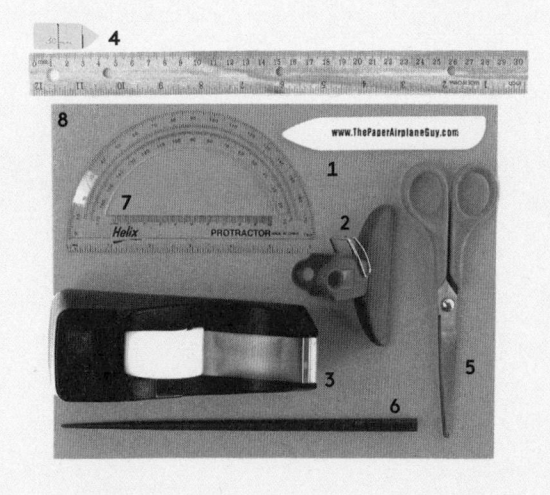

SUZANNE

世界記録を樹立した
スザンヌ

これが、ギネスワールドレコーズに挑戦してジョー・アヨーブが投げ、それまでの記録を 19 フィート 6 インチ（約 5.9 メートル）更新した飛行機です。私たちが 2012 年 2 月 26 日に打ち立てた記録は、226 フィート 10 インチ（69.14 メートル）でした。練習では、ジョーはこれを 73 メートルも投げています。今、私たちは、測定会場となった飛行機の格納庫がせますぎたと感じています。つまり、本当はどこまで飛ぶか、わからないのです。みなさんなら、本当の飛行距離を見つけることができるかもしれません。

ひとつご注意を。この飛行機は、たった 8 つの折り目で作られています。だからといって、あまく見てはいけません。紙の折り方、テープの貼り方、調整の仕方には、高い精度が求められます。テープを貼る方法だけでも、叫び出したくなるかもしれません。これは、私がこれまでに作った飛行機の中で、もっとも技術レベルが高いものです。材料、折り方、技術、調整、すべての面に細心の注意を払ってください。それでは、楽しくいきましょう！

1. 紙を縦に置き、右上のカドを左のフチに合わせて、左上のカドを正確に半分に折り、斜めの折り目をつけます。

2. 折ったところをいったん開きます。

3. 同じように反対側も折って折り目をつけます。

4. 左上から右下への斜めの折り目に合わせて、右上の部分を半分に折りますが、折り目から少しだけずらしておきます。少しとはどのくらいでしょうか？次を見てください。

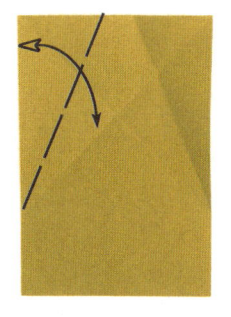

5. 写真をよく見て、折り目と紙のフチとの間が少しずれていることを確認してください。ずらした幅は約1ミリとなっていますが、1ミリから2ミリの間でかまいません。折った部分を元に戻します。

6. 反対側も、4と5の手順で折り目をつけます。

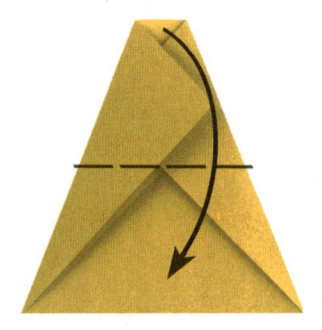

7. ここで、ステップ4から6で作った折り目に合わせて、右側をあらためて折ります。先に右を折るのは単に私の好みです。ただ、どうしていったん開いてまた折るのかといえば、正しく飛行させるには、左右とも正確に同じに折る必要があるからです。そして、○印で示した横の折り目を、ボーンフォルダーなどで平らにしておきます。

8. 左右の内側のフチが交差している位置で、横に谷折りにします。

9. 折り目にそって右のカドが左右中央にくるように折ります。このとき、ステップ8で作った折り目がきっちりそろっていることを確認しておくこと。そろっていれば、楽に折れます。

10. 折ったところを開いて戻します。

11. 同じように左側も中央にくるように折ります。

12. あらためて右側を折りますが、このとき左側を少し開いて折り目を柔軟にしておいて、いっしょに折るとうまくいきます。

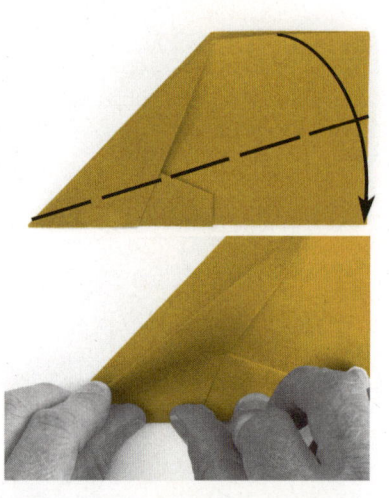

13. 縦中央で山折りにします。上（機首）から先に折ってから、後ろのカドをぴったり合わせるようにしてください。私の経験上、この程度の厚い紙の場合は先に中央の折り目をつけておくのは、あまり効率的ではありません。ほかの折り目が、どうしても中央の折り目にそってしまうため、全体の形がゆがんでしまうのです。この段階で、慎重に中央に折り目を入れることで、紙を左右対称にできます。折った飛行機を左に90度回転させます。

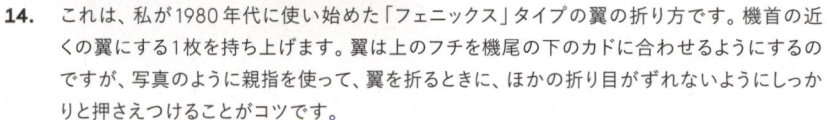

14. これは、私が1980年代に使い始めた「フェニックス」タイプの翼の折り方です。機首の近くの翼にする1枚を持ち上げます。翼は上のフチを機尾の下のカドに合わせるようにするのですが、写真のように親指を使って、翼を折るときに、ほかの折り目がずれないようにしっかりと押さえつけることがコツです。

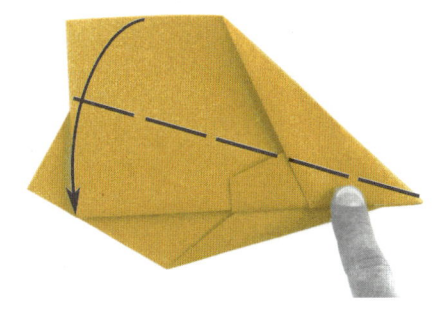

15. 翼を手前に折り下げて、中央の写真のように、上のフチと機尾の下のカドを合わせてから折ります。フチとカドをきっちり合わせて折ったら、飛行機を裏返します。

16. 反対側の翼も折ります。

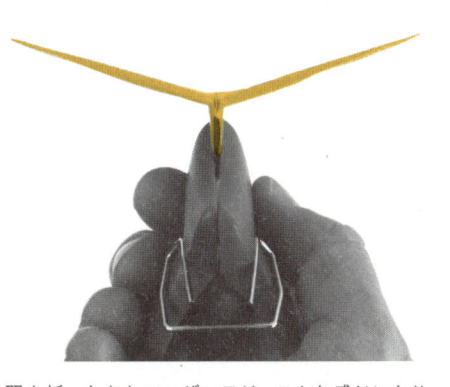

17. 翼の両側とすべての折り目をボーンフォルダーでしっかりと平らにします。ここでクリップが登場します。翼を広げ、すべての折り目をしっかりとそろえて、クリップではさんでください。○で示したところに最初のテープを貼るので、この紙の層が固定されるようにクリップではさむことが肝心です。

18. 翼を折ったあとのスザンヌは、こんな感じになります。折りはこれで終了。後はテープ貼りと調整です。この時点でうまく折れていなかったら、私はこの飛行機を捨てます。最初に確認するのは機尾（いちばん後ろの部分）です。翼の後端がきっちり合っているでしょうか？ もしきれいにそろっていなければ、新しく折り直すほうが得策です。左右の翼面が完全に平らになっていなければ、記録は作れません。翼の下の胴体の紙が重なっている部分は、左右対称に盛り上がっているでしょうか？ ここで大きなずれがあると、勝ち目はありません。

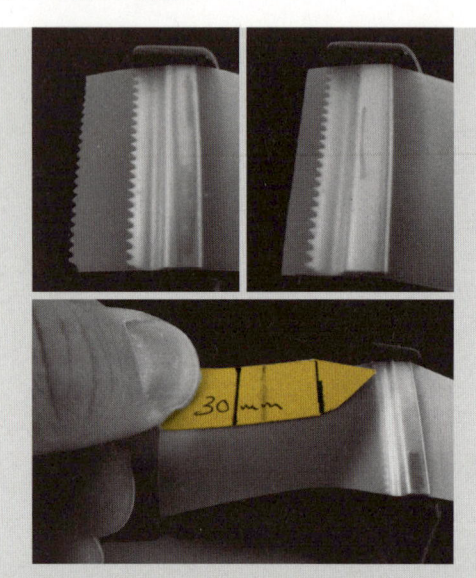

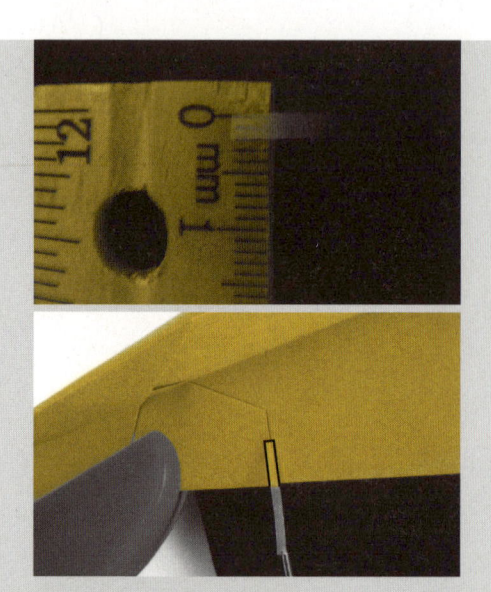

19. テープを貼ります（ギネスの規定で使えるのは1機につき25×30ミリ以内）。ギザギザの部分は切り落とします。テープカッターは使わないこと。テープカッターでやろうとすると、たぶん気が変になります。私は、自分でテープの長さを測る道具を作りました。そのほうが、定規で押さえながらテープを切るよりも簡単です。定規でもできないことはないですが、細かい作業には↑向きです。私は、テープを30ミリに切って、テープカッターの裏に貼って、そこから小さく切って使っています。

20. 下の写真で飛行機に貼っているテープの幅が、いちばんよく使う標準的なサイズ（2×30ミリ）です。上の写真でもわかるとおり、幅は約2ミリなので、実際には写真よりも少し小さい感じです。実際に貼る前に、少し練習をするとよいでしょう。よく切れるハサミと、確かな手が必要です。ここからは、正確に2ミリ幅のテープを切り出す技術が求められます。

最初のテープは、ステップ17の写真で示した胴体の中央部分に貼ります。半分を片側に貼り、折り返して巻きつけるように反対側に貼ります。折り目がずれないよう、下の写真のように飛行機の胴体をクリップでしっかりと固定しておくこと。

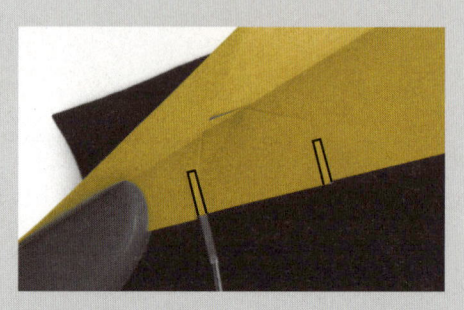

21. 2枚目のテープを貼る前に、クリップの位置を前にずらします。テープは、いちばん上の層とその下の層にまたがって貼られていることに注意してください。このテープも2ミリ幅です。半分を片側に、もう半分を反対側に貼り、層がはがれないようにします。

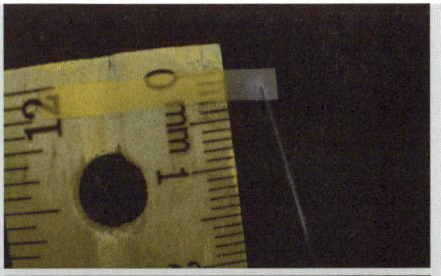

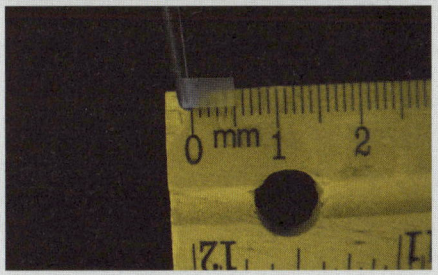

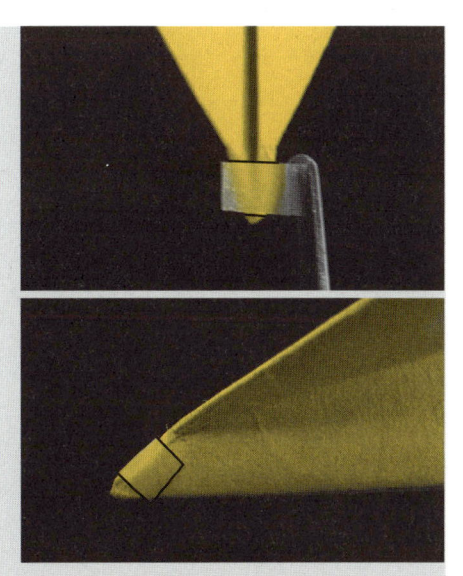

22. 次に貼るテープは4ミリ幅（4×30ミリ）です。上の写真では切ったテープ全体が見えています。この4ミリ幅のテープを3つに切り分けます。まずは6ミリの長さに切り、残りを半分（12ミリずつ）に切ってください。

23. 6ミリのテープを機首の先端に貼ります。こうすることで、構造がしっかりして、空気抵抗も少なくなります。下の写真は、テープを貼り終えたところです。

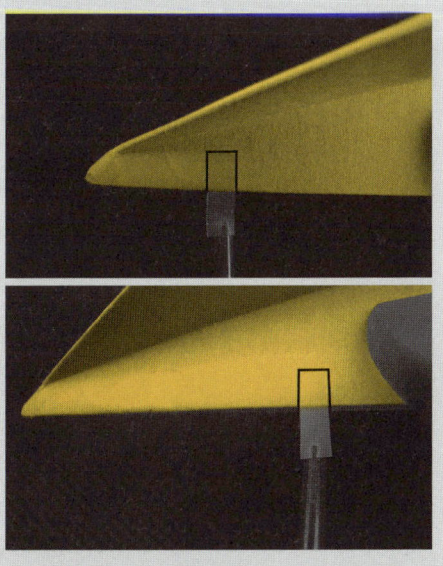

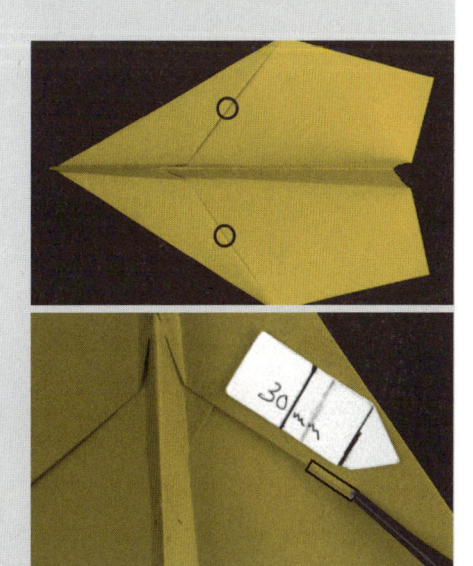

24. 機首の先端にテープを貼ったら、残っている2枚のテープを機首の下側に貼ります。先端から20ミリほど離れたあたりに1枚を貼ったら、今貼ったテープと、ステップ21で貼ったテープとの中間の位置に、残りの1枚を貼ります。

25. もう1本、2ミリ幅のテープを切り出して、それを半分に切ります。それらは翼の裏側に貼ります。私の自作定規が示しているように、胴体の近くで2つの層が重なっているところから30ミリのところです。ここにテープの中心がくるように貼ります。

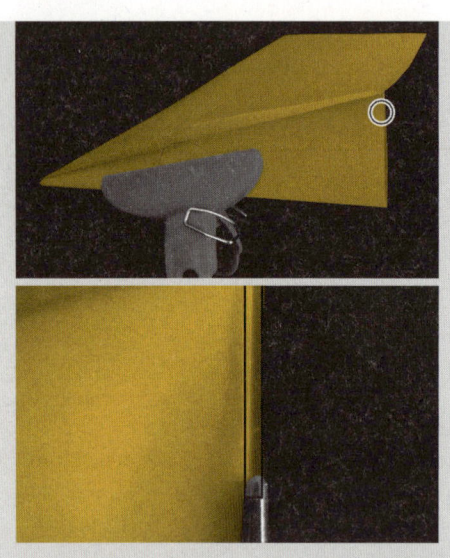

26. 次に機尾に取りかかります。かなり難しいので慎重に。2ミリ幅の2枚のテープで機尾を閉じます。まず1枚を上の写真の印の部分の手前に縦に貼り、ホットドッグのパンがソーセージをはさむように、裏側に巻きこんで留めます。下の写真は、テープの位置を決めたところです。

27. 2つの2ミリ幅テープを機尾に貼り終えたところ。

28. 2ミリ幅のテープを切り出し、それを6ミリの長さに切り、上の写真で箸が示している部分に貼ります。機尾の左右の翼を小さなテープでしっかりと留めて、左右が1枚の紙になったかのようにします。下の写真は箸を使ってテープを貼っているところ。しつこいようですが重要なことなのでまた言います。左右の翼は高さがぴったりそろった1枚になることが重要です。ここで失敗すると、飛行に大きく影響します。

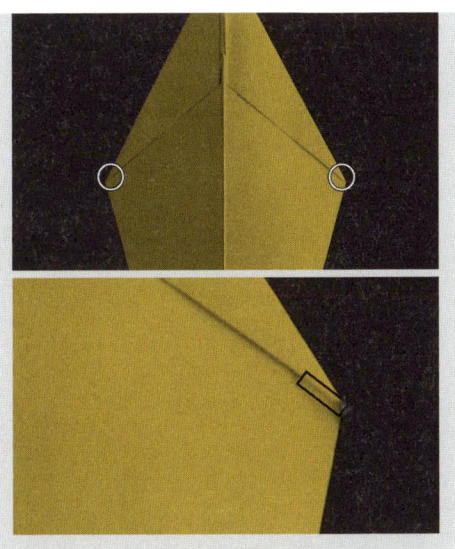

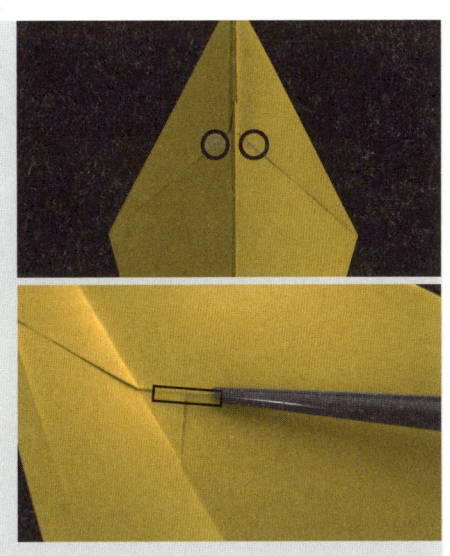

29. 飛行機を裏返し、ステップ28で切り出したテープの余りを半分に切って、それぞれを左右の翼の先端の2つの層が重なっている部分に貼り、層を固定します。

30. さらに2ミリ幅のテープを切り、それを半分にして、それぞれを写真に示した部分に貼ります。これで裏側のテープ貼りはおしまい。

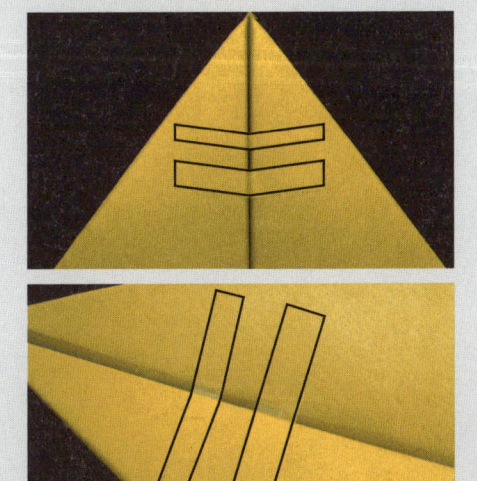

31. 最初に切り出したテープの余りを2等分にします。この比較的幅の広いテープを、機首に近い部分の左右の翼をつなぐように貼ります。2枚のテープの間を少し空けるのがポイント。そうすることで、効率的に働いてくれます。

32. 最後の調整に入ります。写真は、飛行機の適正な形を示しています。左右の翼が機首で接している部分では、翼の角度はやや平らになります。私は、シリアルの空き箱を切って、分度器で測って、165度の角度の型紙を作りました。上反角は、水平線からの翼の角度です。なのでこの場合は7.5度となりますが、この型紙を使うと簡単に調整できます。

 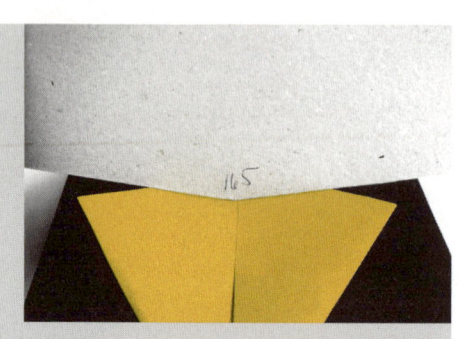

33. 翼の中央部分では、もうひとつボール紙と分度器で作った155度の型紙を作って合わせます。この部分での上反角は12.5度となります。

34. 機尾の上反角は、165度の型紙を使って合わせます。機尾の上反角を低めにすると、抗力を下げることができます。

35. 最後は、世界記録を更新するために大変に重要な手順です。貼りつけたすべてのテープの端が浮いていないかを確かめてください。しっかりと貼られていないと抗力が増します。ボーンフォルダーなどで、よくこすってください。

VERY EASY

ベリー・イージー

この飛行機はレターサイズ／A4の紙で折ります

すごく簡単（ベリー・イージー）に折れて高性能な飛行機をデザインしたいと思いました。これは、何十年間も愛され、学校の校庭で飛ばされ続けてきた伝説の紙飛行機「ナカムラロック」*の雰囲気を持つ、すっきりとしたデザインになっています。簡単に折れるので初心者にも喜ばれ、よく飛ぶので中級者にも喜ばれます。この飛行機で、正確に折る練習をしてください。コツは、折り目をきっちりとシャープに折ることです。手順も少ないので、短い時間にたくさん折れます。

*訳注：中村榮志氏考案の先端を折りこんで胴体に「ロック」する方式の紙飛行機。

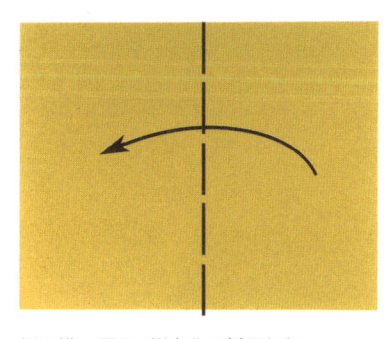

1.　紙を横に置き、縦半分に折ります。
2.　折り目を開きます。

3.　紙を裏返します。

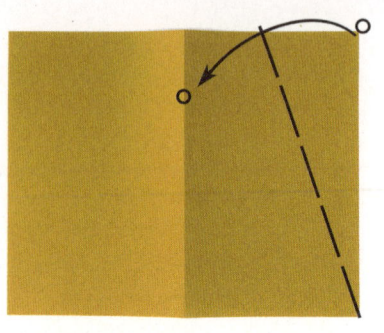

4. 右下のカドを頂点にして、右上のカドを中央の線に合うように折ります。

5. 同じように左側も折ります。

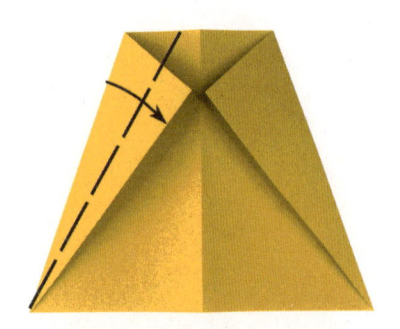

6. ステップ5でできた左内側の斜めのフチに、新しくできた左の折り目を合わせて折ります。

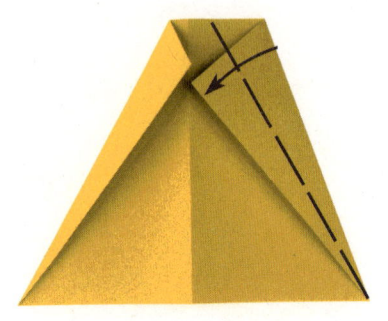

7. 同じように右側も折ります。

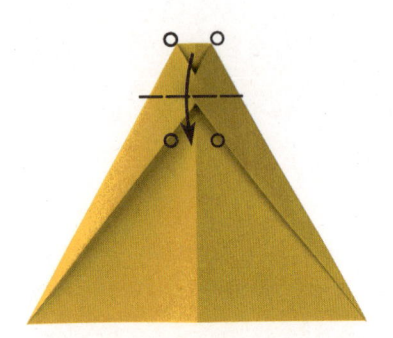

8. 上のフチの左右のカドが、内側の斜め線の○印の位置に合うように折ります。

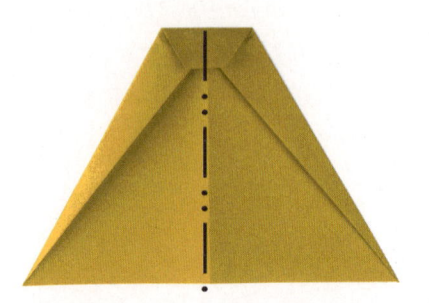

9. 中央の折り目をふたたび折ります。ただし今度は山折りにするので、飛行機を裏返してから、谷折りにします。山折りのときは、こうすると便利です。

10. 飛行機を左に90度回転させます。

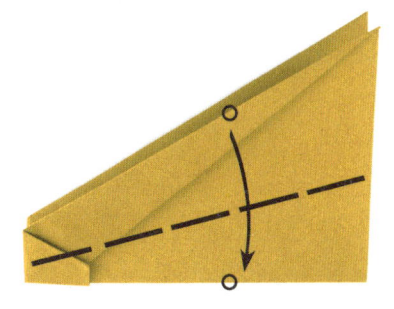

11. 翼を折ります。これは、上のフチを下のフチ（胴体の中心線）に合わせて折るという、いちばん簡単なやり方です。

12. 裏返して、反対側の翼も折ります。

13. 左右の翼がきっちりそろっていれば、完成。

14. ここで、投げ方と調整の方法を学びましょう。写真のように翼の角度を調整して、さあ試験飛行です。

JAVELIN

ジャベリン

記録に挑戦し始めてすぐのころ、私はこの飛行機を考案しました。放物線を描くように投げると、ちょっとした滑空ができて、長距離飛行に適したモデルであることが、あとでわかりました。しかし、記録を破るほどの滑空性能はなく、かなりダート型に近い飛行機であることもわかりました。折るのも調整するのも簡単なので、自然に人気が出て、みんなが折るようになりました。

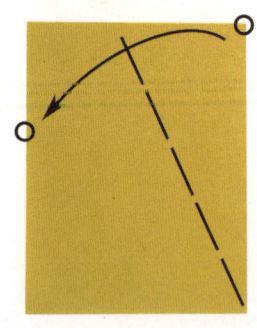

1. 紙を縦に置きます。右下のカドを起点にして、右上のカドを左のフチに合わせたときにできる線で折ってください。右下のカドと左のフチを合わせてできる折り目は、これ1本しかないので、まちがえようがありません。しっかり折り目をつけてください。

2.　開きます。

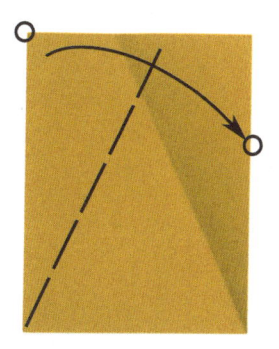

3.　同じ方法で、左下のカドを起点に、左上のカドと右のフチを合わせたところにできる線で折り目をつけます。

4.　開きます。

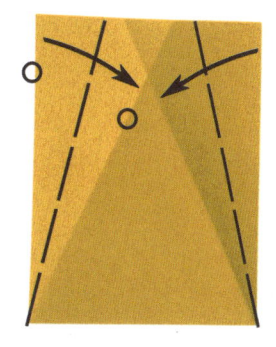

5.　左右のフチを、今つけた斜めの折り目に合わせて折ります。

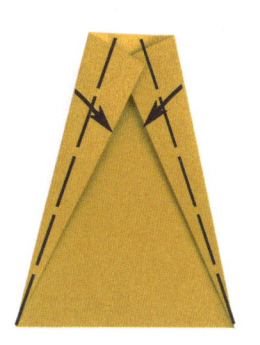

6.　左右にできた三角形の両方のフチを合わせて谷折りにします。

7A.　ステップ6を折るとこうなります。

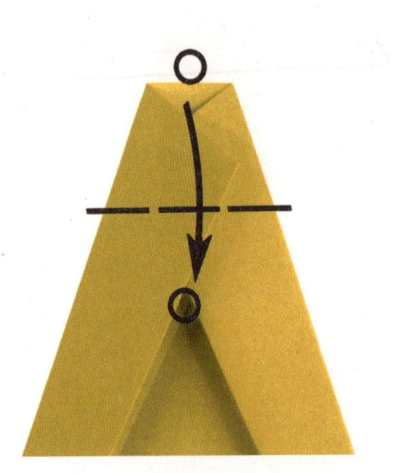

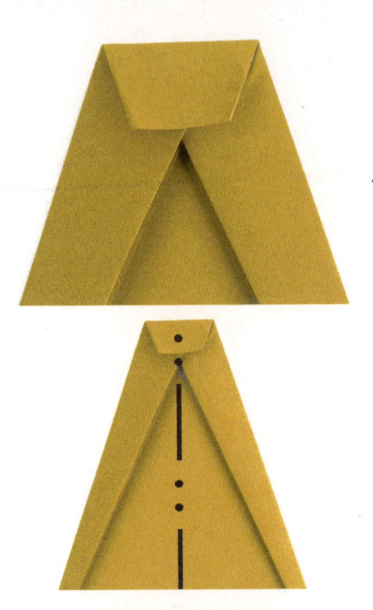

7B. 上部を拡大したところです。写真に示した谷折り線で、上下の○印の部分を合わせて折ります。

8. 上の写真はステップ7Bを折ったところ。下の写真のように、中央の線で2つに折ります。山折りなので気をつけて。

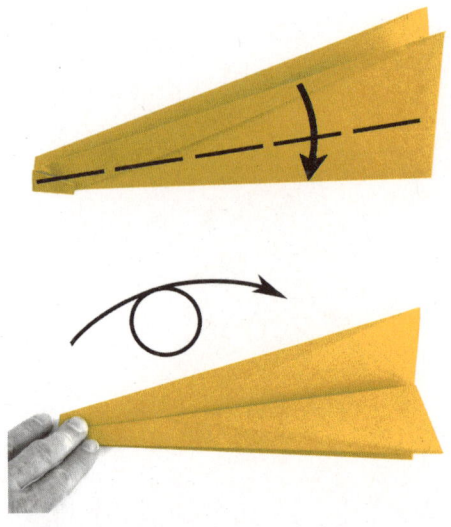

9. 飛行機を左90度に回転させて翼を折る準備をします。

10. 上のフチを下のフチに合わせて折ります。下の写真は手前の翼を折ったところ。飛行機を裏返して、反対側の翼も折ります。

11. 両方の翼を折ったところ。翼を広げて、飛ばす準備をしましょう。

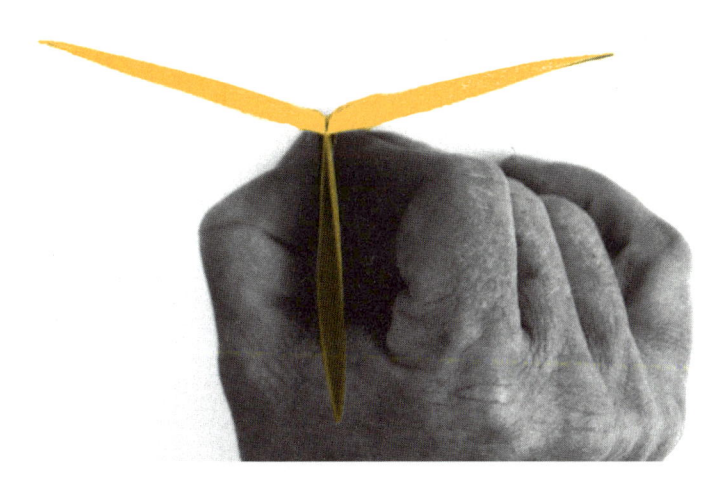

12. 完成したジャベリン。空気に乗れるだけの広い翼を持ちますが、速く投げられるように作られています。

THE FLOATER

ザ・フローター

ザ・フローターは、空気に乗ってゆっくりと飛ぶようにバランスを調整した飛行機です。上反角はほぼ平らで、小さなウィングレットがあります。おもしろいデザインながら、高い飛行性能を誇ります。

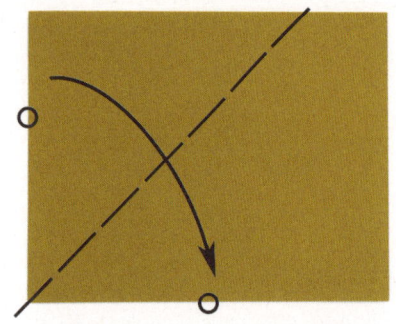

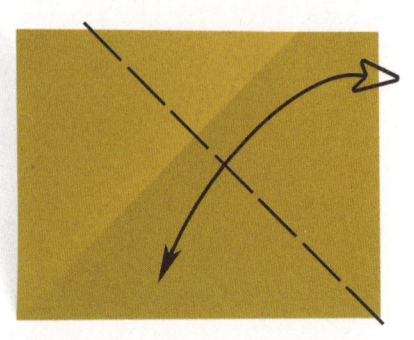

1. 紙を横に置きます。左下のカドを頂点にして左のフチを下のフチに合わせて折ってください。これは斜め折りです。左下のカドは角度が45度になります。

2. 開きます。

3. 右側も同じく斜め折りにして、開きます。

4. 右のフチを、右下のカドから出ている折り目に合わせて折り、開きます。

5. さらに右のフチを、今できた折り目に合わせて折ります。

6. ステップ4で作った折り目であらためて折ります。

7. ステップ4から7の手順で左側も同じように折ります。

8. 上の左右のカドを、写真の○印に合わせて谷折りにして、しっかりと折り目をつけましょう。[A4の場合は交差する折り線の位置が違いますが、そのまま折り続けます]

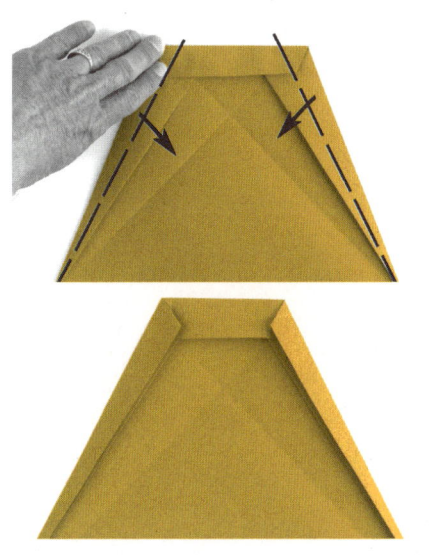

9. 写真の谷折り線で、左右の三角形を半分に折ります。

10A. 写真の谷折り線で、左右の三角形を内側に折ります。

10B. ステップ10Aを折るとこうなります。

11. 上部を拡大したところです。上のフチを下の○印に合わせて谷折りにします。

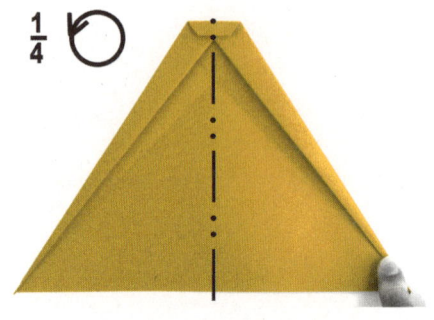

12. 今見えている面が外側になるように、左右中央で山折りにします。裏返して谷折りにすると簡単にできます。折ったら飛行機を90度左に回転させます。

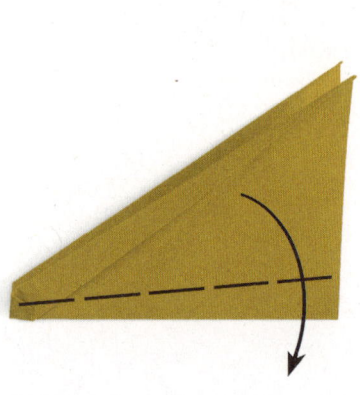

13. 機首の縦のフチの半分の位置から、右に向かってやや斜め上になる線で、翼を折ります。

14. 飛行機を裏返して反対側の翼も折ります。機尾に向かって斜め上になった折り目をよく確認すること。

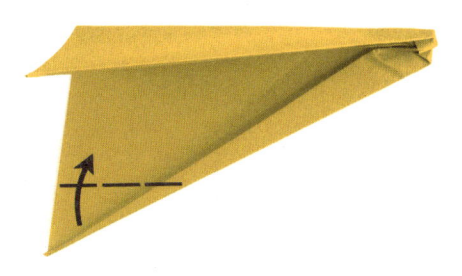

15. 写真の上部は、左右の翼を折ってぴったり重なっているところ。写真の下部はウィングレットを折るところ。主翼の折り目と平行な線で、主翼の3分の1のあたりの位置で折ります。

16. 飛行機を裏返し、反対側の主翼にウィングレットを折ります。先に折ったウィングレットの折り目に合わせて折ると、やりやすいでしょう。このテクニックをおぼえておくと便利です。

17. 完成したザ・フローター。上反角は平らで、少しだけ昇降舵がつけられていることに注目してください。これで十分な揚力が得られます。

STRETCH
LOCK

ストレッチ・ロック

この飛行機に使われているロック（紙を折りこんで固定する）方式は、ナカムラロックの親戚です。オープンな胴体となめらかに下に向いたウイングレットは、飛んでいる姿を美しく見せてくれます。外で飛ばしても十分に耐えられる頑丈な作りになっています。

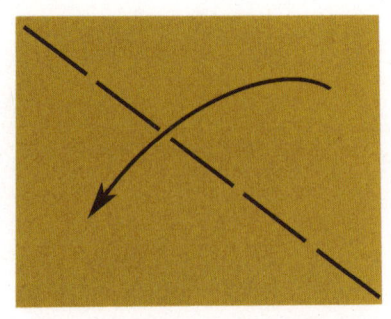

1. 紙を横に置きます。左上カドから右下カドまでの直線で折ってください。これはもっとも難しい折り方のひとつです。時間をかけて、慎重に正確に折ります。

2. 開きます。

3. よくできました。では、反対側も折りましょう。

4. 開きます。

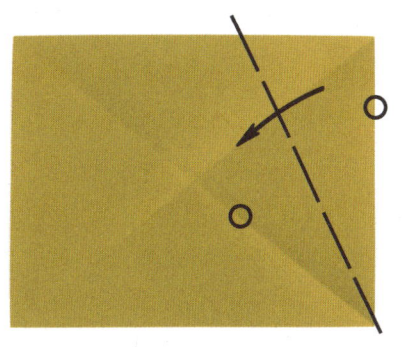

5. 右のフチを、右下カドからの折り目に合わせて谷折りにします。

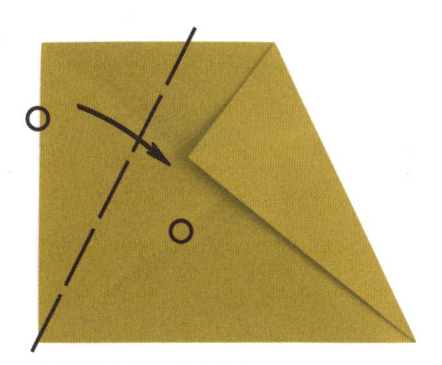

6. 左側も同じように折ります。

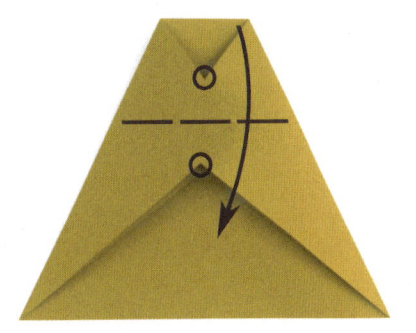

7. またしても機首を下に折ります。写真の○印の三角の頂点がぴったり合うように谷折りにしてください。ときどき内側をのぞきこんで、頂点同士が合っていることを確かめてください。

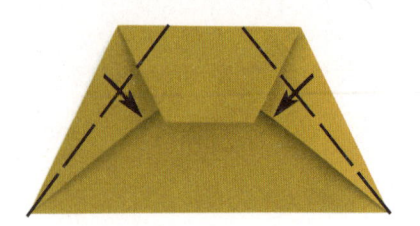

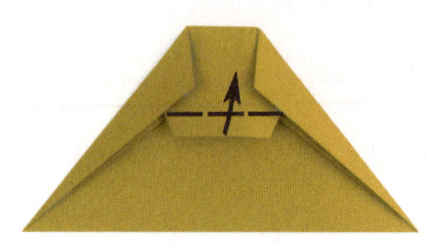

8. 左右両側のフチを、内側の斜めの折り目に合わせて折ります。

9. 写真の谷折りの印のところでひとつ下の層の紙を上に折ります。これで、両側の三角形をロックします。

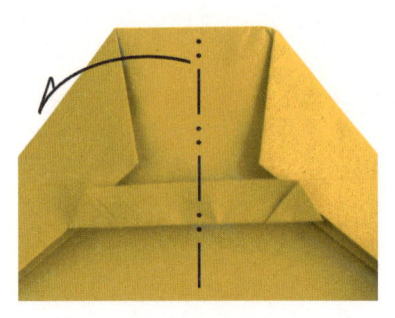

$\frac{1}{4}$

10. ステップ9で折った部分を拡大したところです。飛行機を左右中央で半分に山折りにします。

11. 左に90度回転させます。

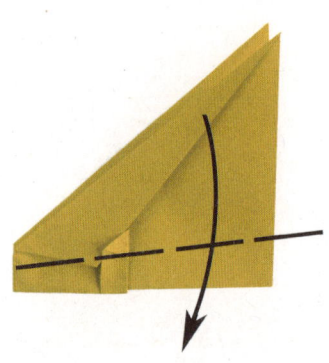

12. 機首の縦のフチの半分の位置から、機尾の、機首の縦のフチと同じぐらいの高さまでの線で翼を折ります。少し右が上がった直線になります。

13A. ステップ12を折るとこうなります。

13B. これで翼の位置が決まります。飛行機を裏返して、翼の折れ線に合わせて反対側の翼も折ります。

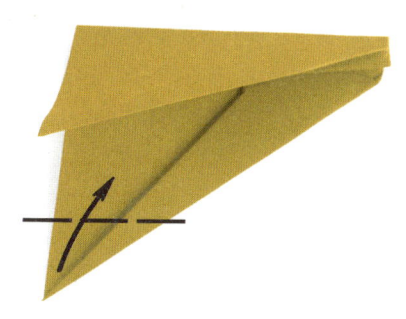

14. 両方の翼を折ったら、翼を少し開いて、下向きのウィングレットを折ります。翼の下側に、翼の幅の3分の1ぐらいの位置で折ってください。

15. 飛行機を裏返します。次に、反対側のウィングレットを折るテクニックを紹介しましょう。

16A. ステップ14で折ったウィングレットをそのままにして、両方の翼をしっかりと押さえます。下のウィングレットの折れ線にそって、上の翼のウィングレットを折ります。次の写真は、ウィングレットが完成したところです。

16B. 完成したウィングレット。

17. 完成したストレッチ・ロック。上反角は平らで、ウィングレットがなだらかに下を向いています。

PRO GLIDER

プログライダー

もし私が滞空時間の世界記録を作りたいと思ったら、このデザインを土台にして飛行機を作るでしょう。すっきりしたラインに、しっかりとした胴体のロック。バランスもすばらしく、楽しく飛ばせます。この飛行機で、私は機首をロックするコリンズ・ノーズロック方式を考案しました。現在の滞空時間記録を持っている戸田拓夫氏の、すばらしい胴体のロック技術を見て、私は完全に嫉妬しました。胴体をロックすると、抗力を下げることができ、上反角も調整したとおりの角度が保てるようになります。私は、昔の著書『ファンタスティック・フライト（Fantastic Flight）』に掲載したLF-1の折り方で、つぶし折りを使った方式を紹介しましたが、戸田氏は、より効率的につぶし折りを使っていました。シンプルで完璧です。しかし、この飛行機の折り方のほうが、空気力学的に戸田氏のロックよりもすぐれていると私は信じています。どうぞ、みなさんも自分で確かめてみてください。翼のもうひとつの折り方も、ぜひ試してください。私はあの姿が大好きなんです。

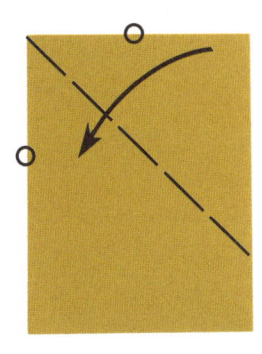

1. 紙を縦に置きます。左上のカドを頂点にして斜め折りにししてください。上のフチと左のフチがぴったりそろうように。左上のカドは45度になります。

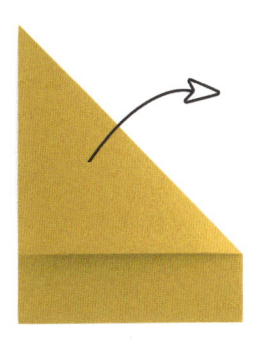

2. 開きます。

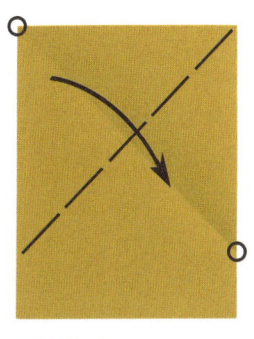

3. 反対側も斜め折りにします。ステップ1で正確に斜め折りができていれば、左上のカドと右側の折り目の端がぴったりそろいます。

4. 開きます。

5. 紙を裏返します。

6. 縦半分に折ります。

7. 開きます。

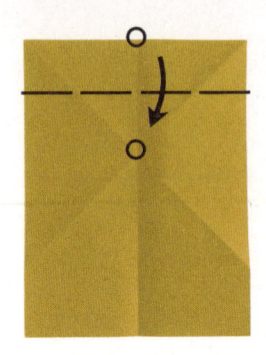

8. 上のフチの中心を、斜めの折り目が交差している位置に合わせて折ります。後のステップでさらにこの部分を折るため、合わせる位置をわずかに上にずらして余裕を持たせておきます。

9. 今折ったところを、さらに折ります。1の折り目と下のフチをぴったりと重ねるように。

10. 飛行機を左に90度回転させます。

11. ステップ9で折ったところを、斜めの折り目の交差点を通過する線で折ります。

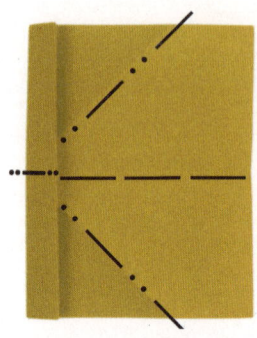

12A. ここからちょっと複雑な折り方をします。折る前に、上の写真の折り線をよく見てください。左の折り重ねた部分は山折りにします。そこを除いた下の層の横線は谷折りにします。

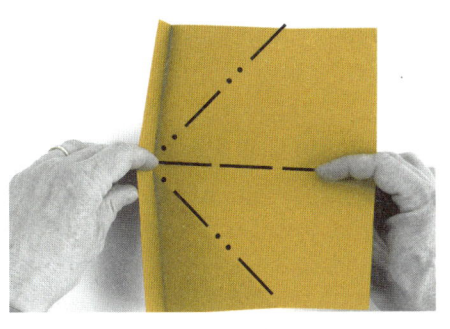

12B. では折り始めましょう。紙を手に取り、左の折り重ねたところを立てて、指でつまむようにして山折りにします。それと同時に、下の層の谷折りを行います。

12C. だんだん形になってきました。左の端をつまんだまま、山折りと谷折りを同時に進めて全体を平らに折りたたみます。

12D. 大丈夫ですか？

13A. 次のステップで、折り重ねた部分を下に開き、矢印の部分を機首の斜めのフチに合わせます。ちょっと難しいですよ。

13B. では実際に折りましょう。手前と反対側の折り重ねた部分を下に開きます。すると、機首の山折りのところが斜めのフチに近づいていきます。

13C. やがて機首の山折りの部分は、斜めのフチとそろいます。そのまま折り重ねたところを下に開いてください。次のステップで全体を平らにします。

13D. すべての折り目を押さえて平らにします。機首から機尾に向かって押さえていくとうまくできます。

14. これで、ノーズロック方式の山場は越えました。しかし休んでいる時間はありません。次のステップに備えて、いちばん上の層を開いてください。

15. ○印のフチと折り目を合わせて折ります。次のステップでさらにここを折るため、折り目からわずかに左にずらして、余裕をもたせてください。

16. ステップ14で開いた折り目を戻します。

17. 反対側も同じように折るために、飛行機を裏返します。

18. おぼえてますか？　いちばん上の層を開いて、1回折って、折り目を戻します。ステップ15と16の手順です。

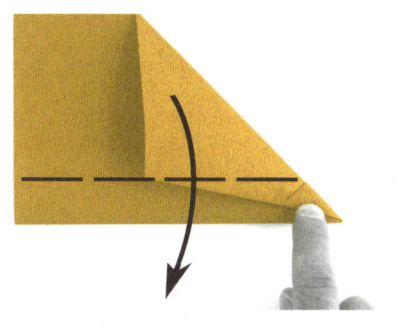

19A. 機首のロックの上の端から機尾に向かって、胴体の下の折り目と平行に翼を折ります。

19B. これは、私が好きなもうひとつの翼の折り方です。機首のノーズの上から機尾の下のカドまでの斜め線で折ります。

20. 翼が折れたら、飛行機を裏返して反対側の翼も折ります。

21A. 胴体の半分ほどの幅でウィングレットを折ります。

21B. 裏返して、反対側にも同じようにウィングレットを折ります。

21C. ステップ19Bのもうひとつの翼の折り方をしたときは、ウィングレットも翼の折り目と平行に折ります。

22. プログライダーの完成。ほんのわずかに上反角がついているところに注意してください。私はこのノーズロック方式が大好きです。この本で折り方を紹介しているほかの飛行機にも使われています。

23. もうひとつの翼の折り方をしたときの魅力的な形。ウィングレットは翼と平行に折られているので、ちょっと不格好です。

PRO GLIDER 2.0

プログライダー2.0

この飛行機はレターサイズ／A4の紙で折ります

これは、私が開発した新しい胴体ロック技術による翼の折り方を使った、いくつかの変形版のひとつです。オリジナルのプログライダーの「別の折り方」を使っていますが、翼やウィングレットの折り方は、自由に実験してみてください。

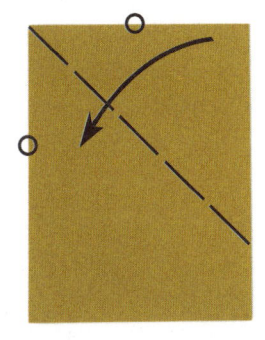

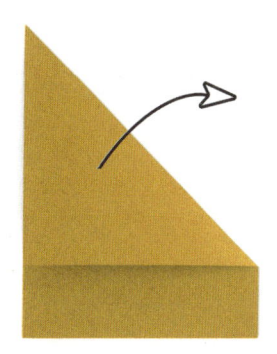

1. 紙を縦に置きます。上のフチを左のフチに合わせて斜め折りにしてください。左上のカドには45度の折り目が入ります。

2. 開きます。

3. 反対側も斜め折りにします。

4. 開きます。

5. 紙を裏返します。

6. 縦半分に折ります。

7. 開いて裏返しにします。

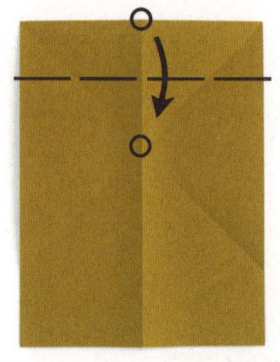

8. 上のフチの中心を、斜めの折り目が交差している
位置に合わせて折ります。後のステップでさらに
この部分を折るため、合わせる位置をわずかに上
にずらして余裕を持たせておきます。

9. 開きます。

10. ステップ8でつけた折り目を斜めの折り目の交差点に合わせて折ります。これにより重心が少し後ろになります。この飛行機は、屋内で飛ばすのに向いていることがわかると思います。プログライダーは、ちょっと昇降舵をつけることで屋外向けになります。その違いは、すべてこのステップにあります。

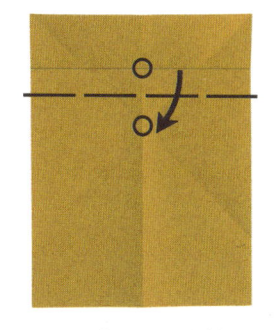

11. ステップ8と9でつけた折り目で山折りにします。

12. 横から見ると、こんな感じ。ここで斜めの折り目にそって折ってください。

13. 斜めに折ったところを開きます。

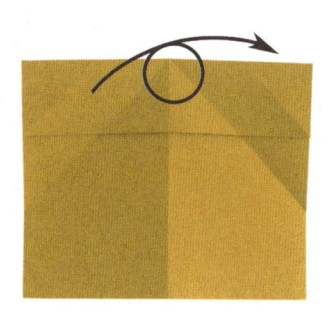

14. 裏返します。

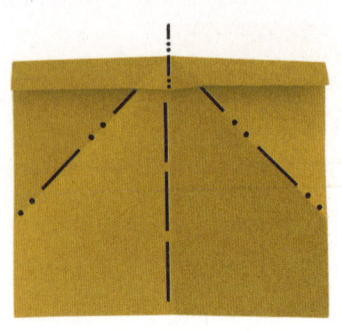

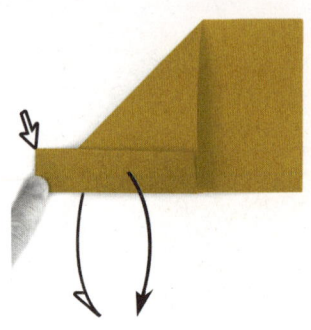

15. ここでまたあの複雑な折り方が出てきます。わからないときは、プログライダーのステップ 12A から 12D まで（78 ページ）をよく見て折ってください。

16. 手前と反対側の折り重ねた部分を下に開きます。すると、機首の山折りのところが斜めのフチに近づいていきます。わからないときは、プログライダーのステップ 13A から 13D まで（79 ページ）を見てください。

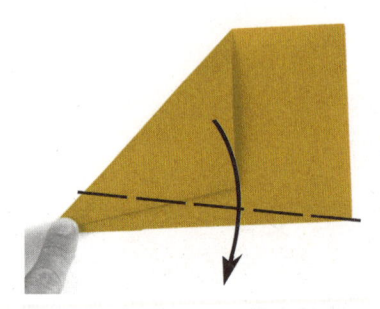

17. 折り線のところで山折りにします。下の半分は内側に折りこまれます。一度開いて、○印のフチを斜めの折り目に合わせて折ると簡単にできます。基本的にはプログライダーのステップ 14 から 16（80 ページ）と同じです。反対側も同様に折ってください。

18. 翼を折ります。ここでは斜めに折る方法をとっていますが、オリジナルと同じく胴体の下のフチと平行に折ってもかまいません（81 ページのプログライダーのステップ 19A）。

19. 飛行機を裏返し、反対側の翼も折ります。

20. 翼の折り目と平行になるようにしてウィングレットを折ります。ウィングレットの先端の幅は、胴体の機首のいちばん太いところの幅の半分程度。反対側のウィングレットも折ります。

21. 両方のウィングレットを折ったところ。翼を開きましょう。

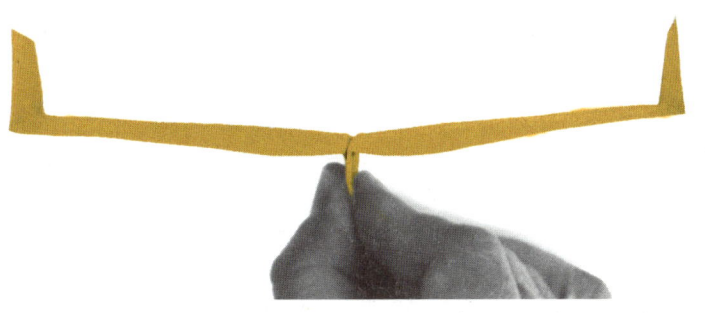

22. この折り方だと、すべてのラインがすっきりして、とても気持ちがいいです。上反角はほぼ水平に。ウィングレットは垂直に調整してください。

BROAD DIAMOND

ブロード・ダイヤモンド

ウィングレットを折ると、揚力面がダイヤモンドの形になります。ロックを使って頑丈に作られる機体です。屋内でも、ちょっと風のある屋外でも楽しめます。ブロード・ダイヤモンドを思いっきり投げて、空に穴をあけましょう。

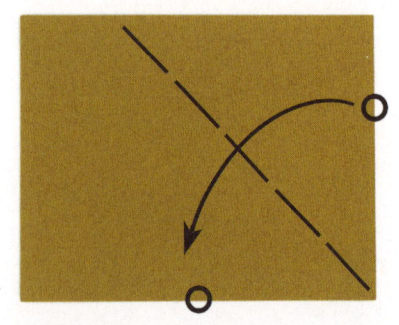

1. 紙を横に置き、右のフチを下のフチに合わせ、右下のカドを斜め折りにしてください。

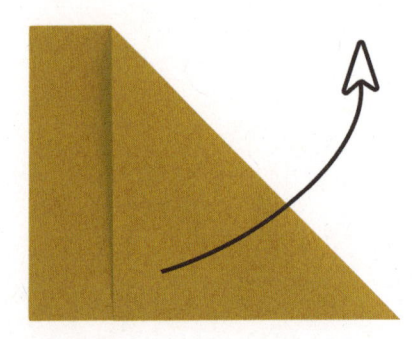

2. 開きます。

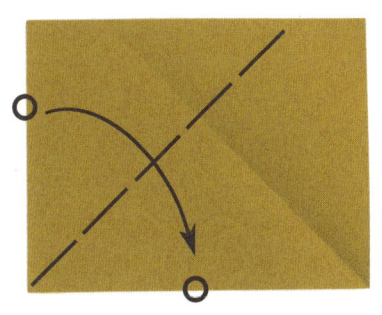

3. 左側も同様に斜め折りにします。

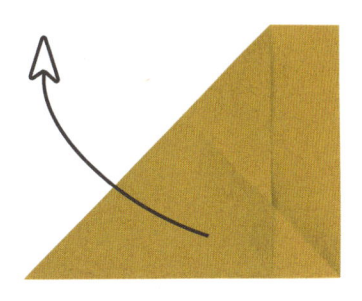

4. 開きます。

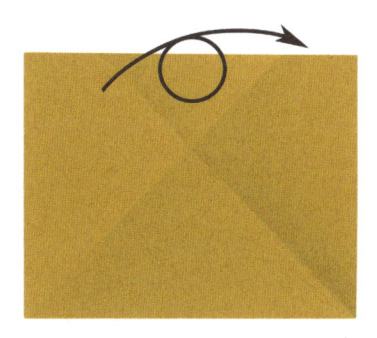

5. 裏返します。

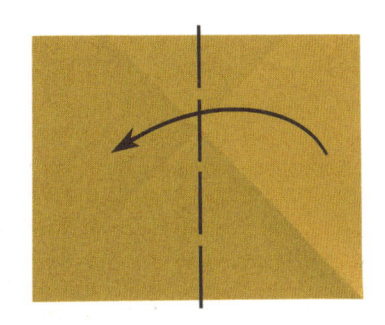

6. 縦半分に折ります。

7. 開きます。

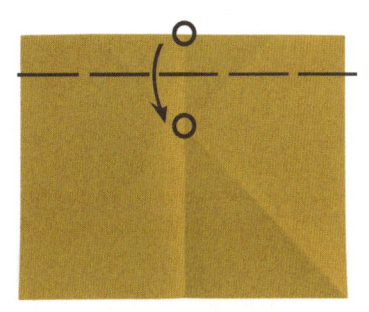

8. 上のフチを折り目の交差点のほんの少し上に合わせて折ります。ただし、交差点から1ミリ以上は離れないこと。

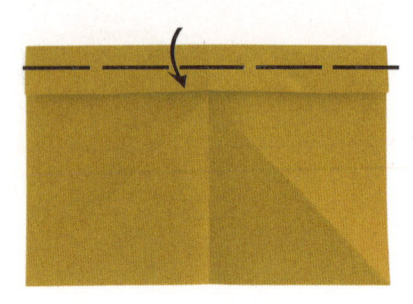

9. ステップ8で折ったところを、さらに半分に折ります。

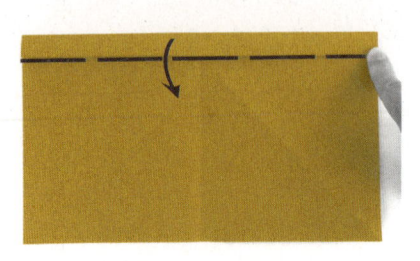

10. ステップ9で折った部分の下の線でさらに折ります。ステップ8で少しだけ上にずらして折っておくと、このとき、折り線が交差点にぴったりと合います。

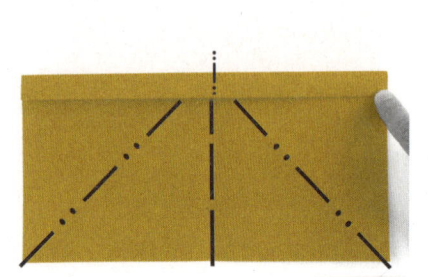

11. ここでまた、コリンズ・ノーズロック方式が登場します。写真の折り目のとおり、山折りと谷折りにして、全体をたたみます。わからないときは、プログライダーのステップ12Aから12D（78ページ）を見てください。

12. 手前側と反対側とにできた折り重ねた部分を下に開き、左の白い矢印の部分を斜めのフチに合わせながら下に開きます。わからないときは、プログライダーのステップ13Aから13D（79ページ）を見てください。

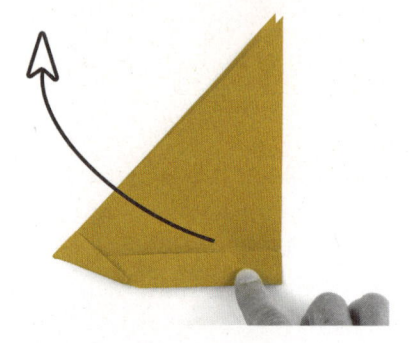

13. 次の手順のために、いちばん上の層をいったん開きます。

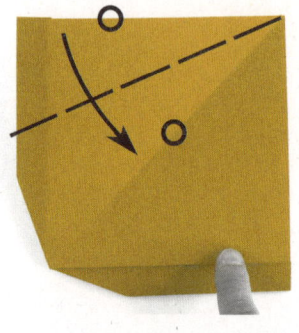

14. 上のフチを斜めの折り線に合わせて谷折りにします。

15. 左のフチを斜めの折り線に合わせて谷折りにします。

16. 斜めの折り目でふたたび折り、元の形に戻します。

17. 裏返して、ステップ13から16と同じ作業を反対側にも行ってください。

18. ノーズロックの上のところと機尾のカドを結ぶ斜めの線で折り、主翼を作ります。

19. 裏返して、反対側も同様にして翼を折ります。

20. 翼の上のフチと平行な線で、翼の高さの3分の1よりも少し下あたりを折ってウィングレットを作ります。

21. 反対側も同様にウィングレットを折ります。

22. これですべて折れました。翼を開いてウィングレットを立てましょう。

23. ブロード・ダイヤモンドのできあがり。上反角を小さめにしておくと、投げやすくなります。

MAX LOCK

マックス・ロック

新しいノーズロックを思いついたときに生まれた、最大サイズの本格的デルタ翼機です。かっこよさも最大です。胴体とよく調和したノーズを見てください。ほとんど境目がわかりません。きっと大好きになることでしょう。

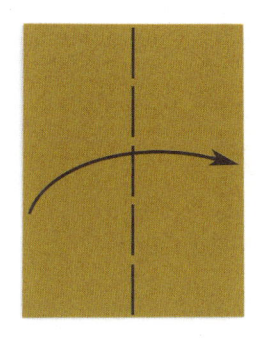

1.　紙を横に置き、縦半分に折ります。

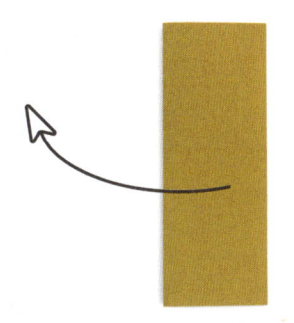

2.　開きます。

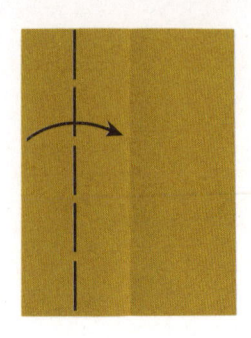

3. 左のフチを中央の折り目に合わせて折ります。

4. 開きます。

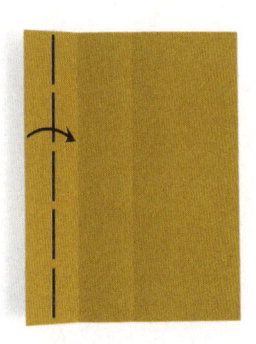

5. 左のフチを、いちばん左の折り目に合わせて折ります。

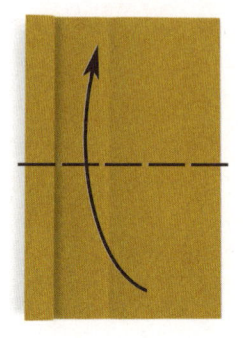

6. 下のフチを上のフチに合わせて横半分に折ります。

7. 開きます。

8. 裏返します。

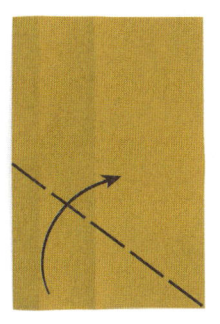

9. 上下中央の折り目と左のフチの交差点を、右下カドに合わせて斜めに折ります。

10. 開きます。

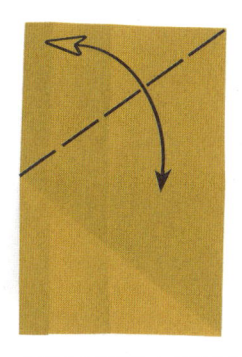

11. 上半分も同様にして斜めに折り、開きます。

12. 裏返します。

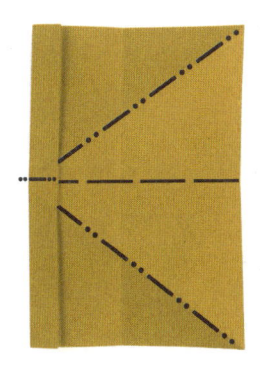

13. ここでコリンズ・ノーズロックを折ります。初めて折る人は、プログライダーのステップ12Aから12D（78ページ）、13Aから13D（79ページ）をよく見てください。

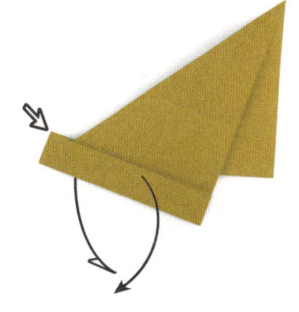

14. ノーズロックの続きです。右下の折り重ねた部分を下に開き、矢印の部分が斜めのフチにそうようにします。

15. 次の手順のために、いちばん上の層を開いておきます。

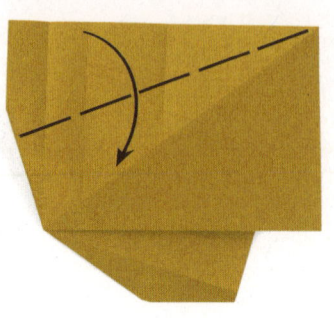

16. 上のフチを斜めの折り目に合わせて折ります。

17. 左上のカドが斜めの折り目に合うように、写真の折り線のところで折ります。

18. 斜めの折り目を、あらためて折ります。

19. 裏返して、ステップ15から17の手順を繰り返し、反対側も折ります。

20. ノーズロックの上の部分と機尾の下のカドを結ぶ線で、翼を折ります。

21. 大きな主翼でしょ? 裏返して反対側も翼を折ります。

22. 広い翼幅を保つために、翼の縦の長さの3分の1
あたりで両方のウィングレットを折ります。

23. この飛行機もまた、わずかに上反角がついた、すっきりとしたエレガントなデザインです。
飛行性能も抜群です。

LF-WHAT?

LFホワット？

私の著書『ファンタスティック・フライト』に掲載した LF-1 のハイブリッド版です。滞空時間世界記録を出した戸田拓夫氏のノーズロック技術とミックスしました。すばらしいグライダーです。じつに楽しく飛ばせます。

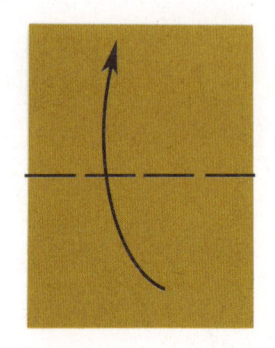

1. 紙を縦に置きます。下のフチを上のフチに合わせて横半分に折ってください。

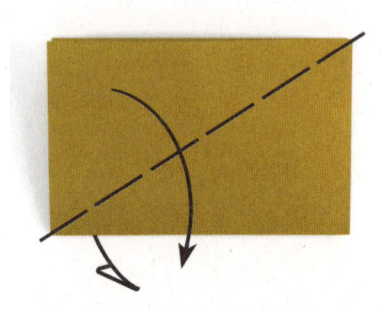

2. 上の紙だけ、左下カドと右上カドを結ぶ線で折ります。裏返して反対側も同じように折ってください。

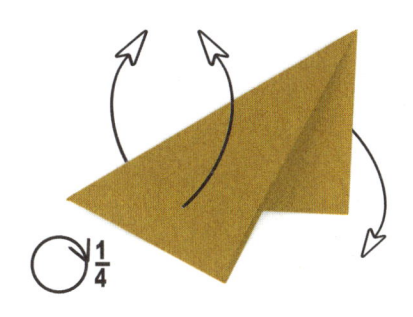

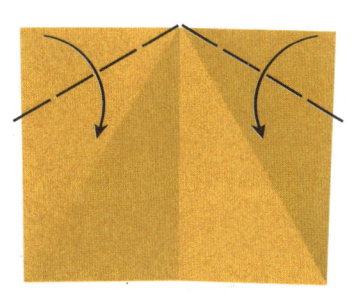

3. ステップ2で折ったところを開きます。半分に折った中央の折り目を、下の紙を引き出すようにして開き、紙が横向きになるように右に90度回転させます。おっと、すべての折り目を開いて、中央の折り目が山折りになるようにして紙を横に置くといえば、1回ですみましたね。

4. 上の両方のカドを、斜めの折り目に合わせて折ります。あとで斜めの折り目で折ることになるので、ほんの少し折り目の手前に合わせておきます。

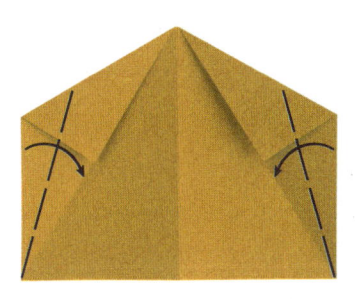

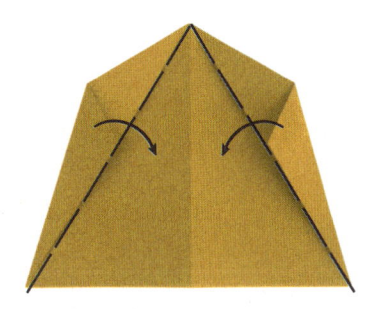

5. 左右のフチを斜めの折り目に合わせて折ります。ここでも、折り目の少し手前に合わせて、折り目付近に余裕を持たせてください。

6. さて、ここで余裕を活かす時間です。斜めの折り目を谷折りにします。

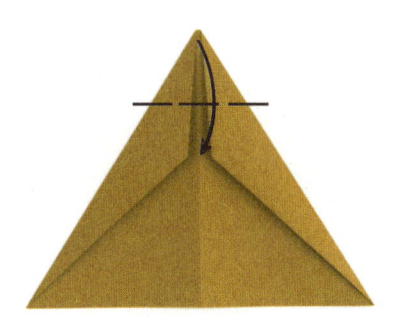

7. 上の頂点を、左右の層のカドが接触している地点に合わせて折ります。

8. 接触していないじゃないか、というあなたの意見は正解です。実際にはカドは接触していません。では、ステップ7で折ったところを開いてください。［A4の場合、左右のカドは3センチ程度離れます］

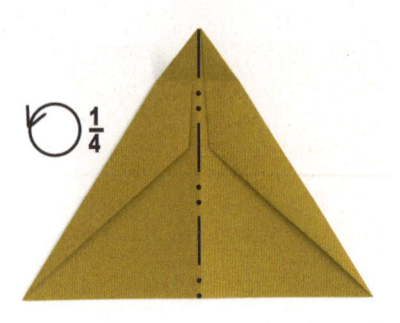

9. 縦の折り目を山折りにして、紙を左に 90 度回転させます。

10A. ここで、この飛行機にぴったりの 2 つの技術を拝借します。ひとつは、私の著書『ファンタスティック・フライト』に掲載した LF-1 の基本デザインで、もうひとつは（私の知るかぎりでは）戸田拓夫氏のノーズロック方式です。戸田氏は紙飛行機の滞空時間世界記録保持者です。

10B. 左の先端を、中央の縦の折り目までつぶし折りにします。

11A. ヒントを出しましょう。縦の折り目を谷折りにして持ち上げると、立てたところが袋状になります。矢印の部分を○印に合わせて、袋を左右に開きながら折れば、つぶし折りができます。

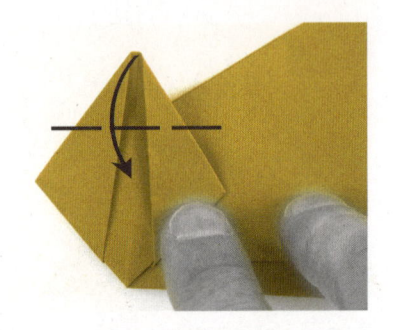

11B. つぶし折りをした場所をきれいに平らにしたら、上の頂点を、つぶし折りにした部分の上下中央に合わせて折ります。

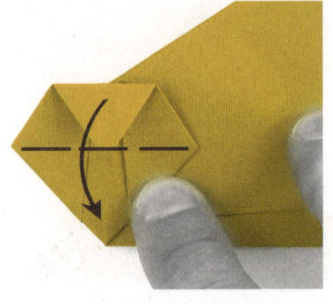

12. つぶし折りにした部分の左右のカドを結ぶ線で折ります。

13. つぶし折りにした部分の左半分を反対側に折りこみます。これが戸田氏のロック方式です。

14A. ロックが完成したところ。

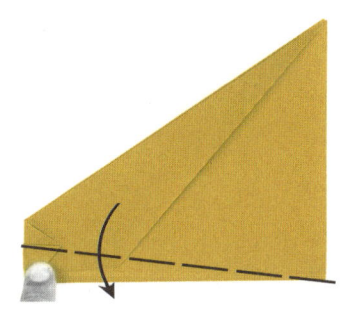

14B. 写真を全体像に戻しましょう。機首のロックの三角形の頂点と機尾の下のカドを結ぶ直線で折って翼を作ります。

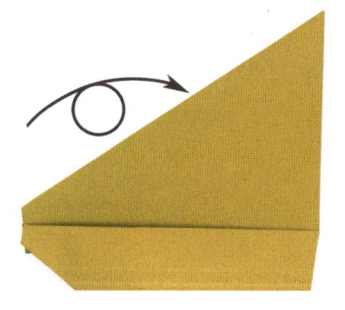

15. 裏返して反対側の翼も折ります。

16. 両方の翼を折ったところ。

17A. 写真は、上の翼を少し開いたところ。この状態で、翼の高さの3分の1のあたりにウィングレットを折ります。

17B. 裏返して、もう片方の翼にも同じ位置にウィング
レットを折ります。

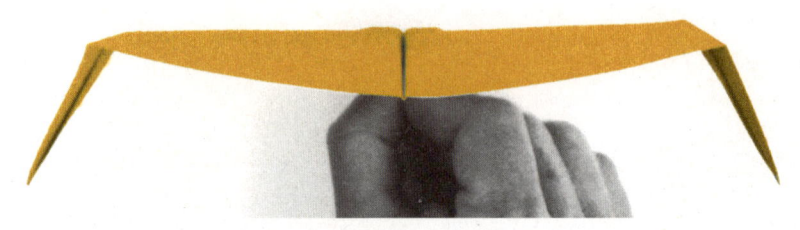

18. LF ホワット？の完成。上反角と、わずかに外側に開いたウィングレットの形をよく見てくだ
さい。格好のいいノーズロックでしょ？　私はこれを初めて見て、プログライダー用にオリ
ジナルのロックを発明しようと考えました。これで2種類のロックをおぼえましたね。

LOCKED AND LOADED

ロックト・アンド・ローデッド

この飛行機はレターサイズ／A4の紙で折ります

とても高速で楽しい飛行機です。私はこの翼の形と、ロックされた胴体が大好きです。この飛行機は90gsm（g/m^2）の紙で折っても大丈夫です。とくに、格好よく長距離飛行に挑戦したい場合は、ほんの少し薄手の紙がいいでしょう。

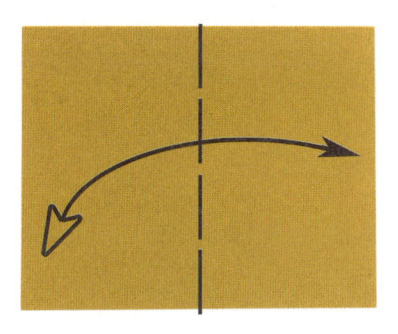

1.　紙を横に置き、横半分に折って広げます。

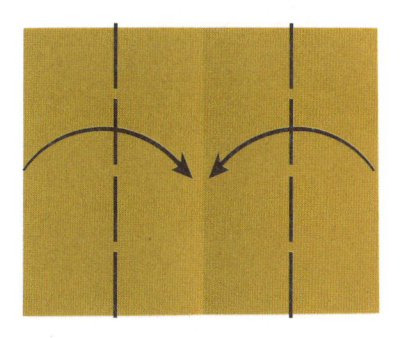

2.　両側を中央の折り目に合わせて折ります。

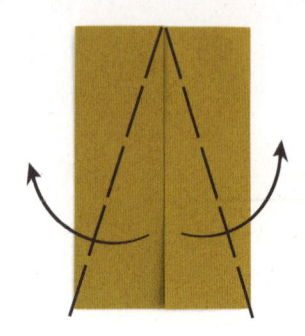

3. 内側に折った部分を、上中央から左右下のカドを結ぶ線で斜めに折ります。

4. 上の左右のカドを、ステップ3でできた外側の斜めのフチにそって折ります。

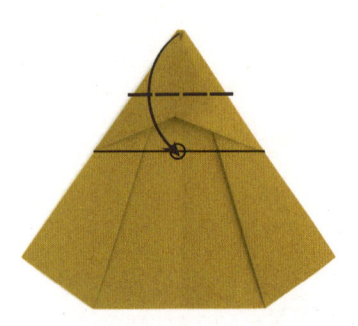

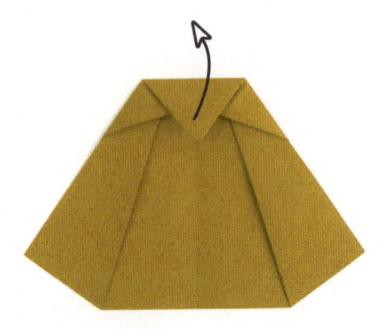

5. ステップ4で折ってできたいちばん上の層の左右の下のカドを結んだ線と、中央の縦の折り目が交差する位置（写真の矢印のところ）に頂点を折り下げます。

6. ノーズを開きます。

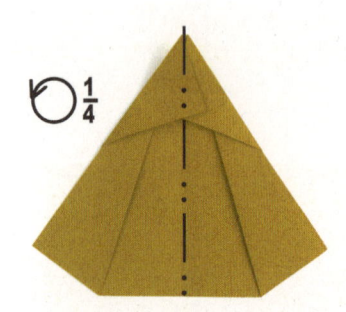

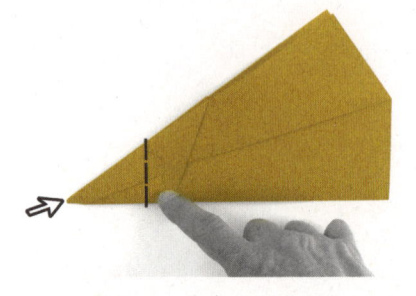

7. 中央の折り線で山折りにして、左に90度回転させます。

8. ノーズ部分をつぶし折りにします。

9. ノーズを拡大したところ。左右のカドの位置で上の頂点を下に折ります。

10A. つぶし折りにした左半分を、山折りにして反対側に折りこみます。

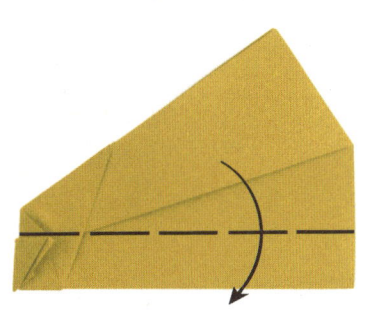

10B. ノーズのロックが完成したところ。

11. 写真を全体像に戻して、翼の折り方を説明します。ノーズロックの三角形の頂点から、そのまま胴体の下のフチと平行な線で翼を折ります。

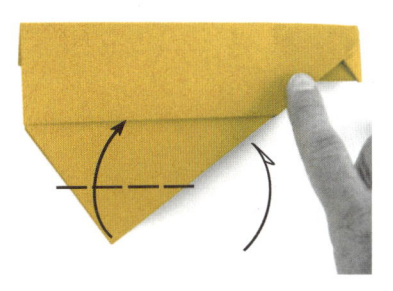

12. 裏返して反対側の翼も折ります。

13. 翼の中央の線に下の頂点を合わせてウィングレットを折ります。反対側も同じようにしてウィングレットを折ります。

14. 両方のウィングレットが折れたら、翼を開きます。

15. ロックト・アンド・ローデッドの完成。ノーズのロックのおかげで、飛んでいる間に胴体が開くことがないので、上反角は平らでかまいません。私はこの翼に入った線が大好きです。この飛行機の名前の後ろ半分の「ローデッド」（荷を積んだ）というのは、翼の荷重の大きさからきています。

ULTRA GLIDE

ウルトラ・グライド

この名前は、まさにこの飛行機の飛び方を示しています。非常に薄い翼、ノーズロック、全体的にすっきりしたデザインによって、ほぼ完璧な飛行機になっています。私は、自信を持ってこれを滞空時間競技に出すことができます。適切な紙を使い、適切な投げ方をしたとき、この飛行機がどんな飛び方をするか、楽しみにしてくださいね。

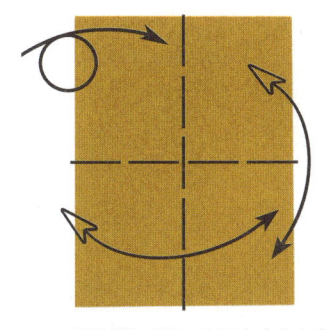

1. 紙を縦に置き、上下左右とも半分に折って、裏返します。折り目はすべて山折りになります。

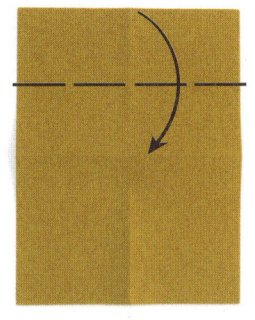

2. 上のフチを、上下中央の折り目に合わせて折ります。

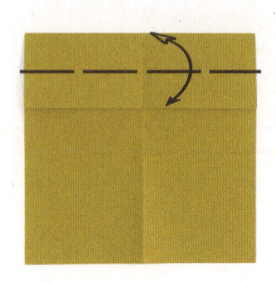

3. もう一度、上のフチを上下中央の折り目に合わせて折り、開きます。

4. 上のフチを、ステップ3でできた上の折り目に合わせて折ります。

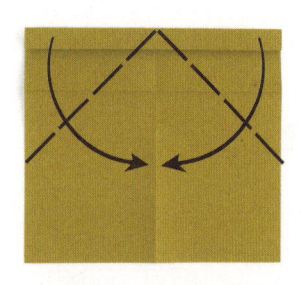

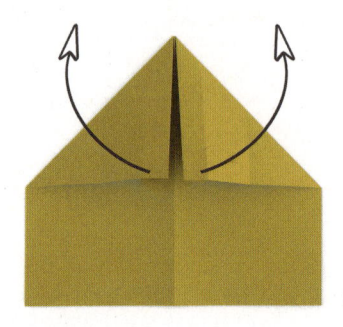

5. 上の両方のカドを縦中央の折り目に合わせて斜めに折ります。

6. 開きます。

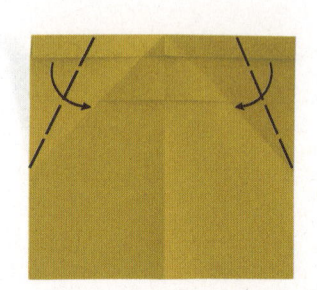

7. ステップ5でできた折り目に左右の上のカドを合わせて、斜めに折ります。

8. ステップ5の折り目をあらためて折ります。このとき、左右の上の○印の部分を、下の○印の層の下に入れこみます。

9. 上の頂点を下の〇印のカドに合わせて折ります。

10. 開きます。

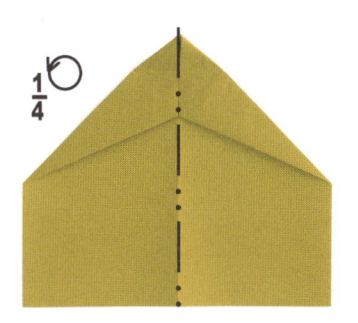

11. 縦中央の折り目で山折りにして、紙を左90度に回転させます。

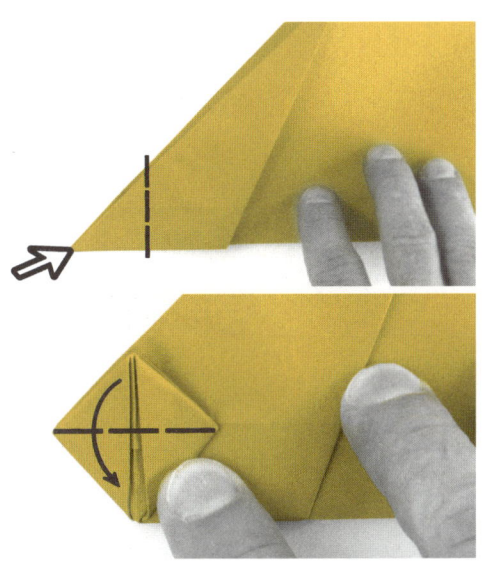

12. ここでまた戸田氏のノーズロック方式を拝借します。ノーズをつぶし折りにして、上の三角形を下に折ります。

13. つぶし折りにした左側を反対側に折りこみます。下の写真はノーズロックが完成したところ。

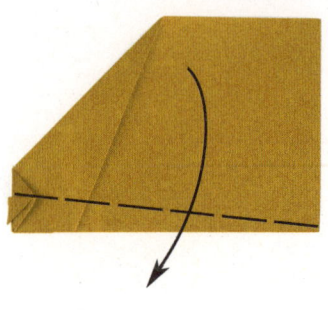

14. ノーズロックのカドと胴体右下のカドを結ぶ線で折って翼を作ります。

15. 裏返して反対側も翼を折ります。

16. 上の写真のようにウィングレットを折ります。

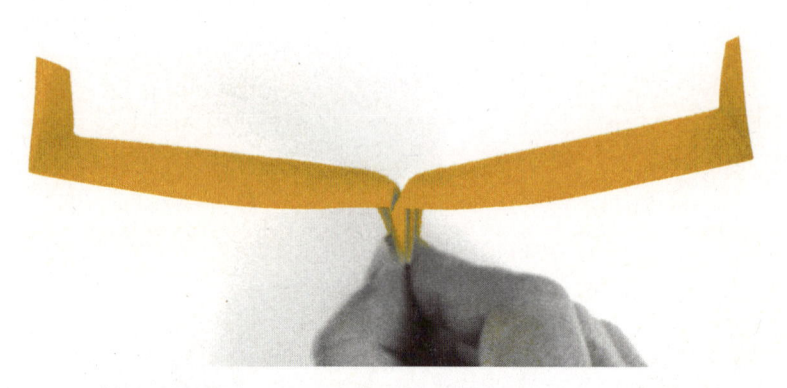

17. このタイプの飛行機は、新しいコリンズ・ノーズロックを使ったものとよく似ています。どちらか折りやすいノーズロック方式を使ってかまいません。新しいコリンズ・ノーズロックを使った場合でも、重心の移動はわずかなので好きな方を選んでください。

SUZY LOCK

スージー・ロック

重量配分の方式は、世界記録を打ち立てた飛行機スザンヌから借用。ノーズロックは戸田拓夫氏の「スカイキング」から借用。主翼は基本的なグライダーの形をしています。こうしたテクニックの初心者には、もってこいの練習台です。複雑で手順が多く細かいテープ貼りもあるスザンヌはちょっと大変と感じている人には、同様のテクニックを気軽に体験できる最適な飛行機です（少なくともアメリカの飛行機の中ではね）。アマチュアレベルの競技会なら、滞空時間だろうと距離だろうと、スージー・ロックには敵なしです。

1. 紙を縦に置き、上の左右のカドを頂点にして左右を斜め折りにして、開きます。

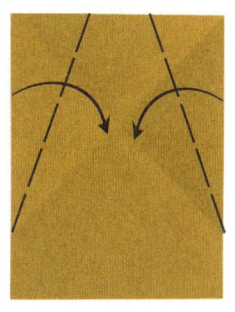

2. 左右のフチと斜め折りの折り目がぶつかったところから、フチを斜めの折り線に合わせて折ります。

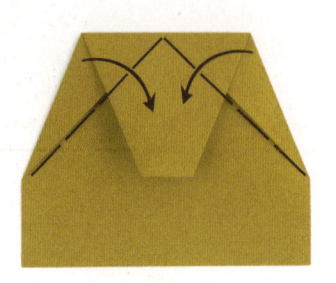

3. 2つの折り線が交差している位置で、上の部分を下に折ります。折った上の層をその下の層を重ねたとき、ステップ1で作った折り目がきれいに一直線になるように。

4. 斜めの折り線で折ります。

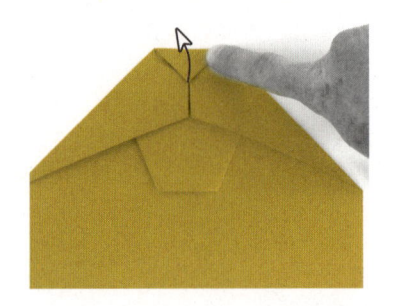

5. 上の頂点を、上の層の高さの3分の1のあたりで折ります。

6. こうすることで、折った三角形の先端は、左右の斜め三角形が接してできた中央の縦線の上ト半分の位置にきます。三角形を開きます。

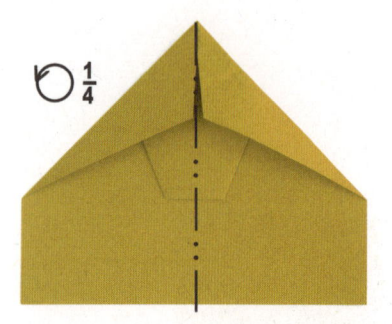

7. 縦半分に山折りにして、紙を左90度回転させます。

8A. ノーズをつぶし折りにします（46ページを参照）。

8B. 上の三角形を下に折ります。

9A. 写真を拡大しましょう。つぶし折りした左側を反対側に折りこみます。

9B. こんな形になります。

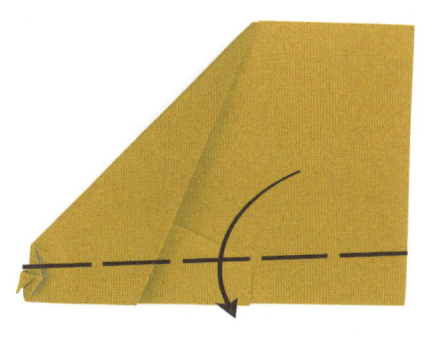

10. ノーズロックの前に出っぱった部分の上から、やや右肩上がりの線で翼を折ります。

11A. 裏返して反対側の翼も折ります。このとき、胴体の高さをよく確認しておいてください。

11B. もう一度裏返して、作業を進めましょう。

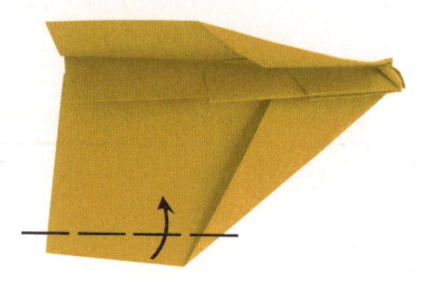

12A. 両方の翼が折れたところで、下向きのウィングレットを折るために、上の翼を少し開いてください。

12B. ウィングレットの前方のいちばん大きくなる部分を、胴体の高さの半分ぐらいにします。

13. 裏返して、同じように反対側のウィングレットも折ります。

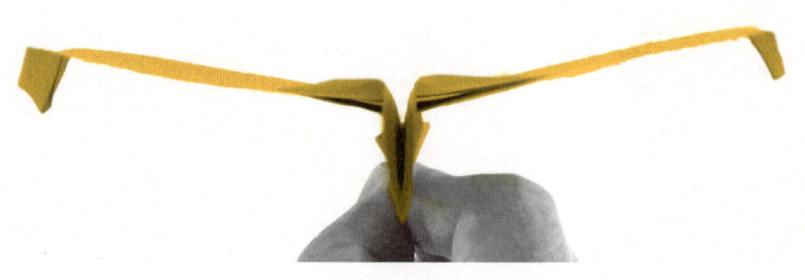

14. スザンヌと同じ方式で紙を折り重ねて重心を調整し、戸田氏の方法でノーズをロックした、とてもすぐれたグライダーです。水平に飛行させたいときは、ほんの少し昇降舵を上向きにつけてやるとよいでしょう。胴体をもう少し高くしてウィングレットをなくしたバージョンも試してみてください。いずれにせよ、とてもよく飛びます。

BASS ACKWARDS

バス・アックワーズ

変な形をしていますが、よく飛ぶデザインです。ロックした胴体と高いウィングレットのために、おもしろい飛び方をします。これを飛ばしていると、まわりの人たちは、この前後が逆（バックワード）になったような姿を見て話しかけてきます。

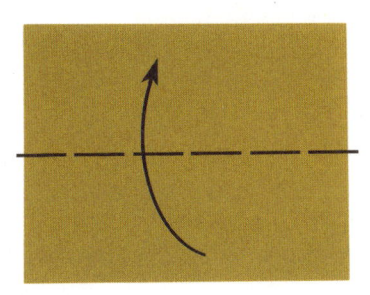

1. 紙を横に置き、横半分に、下から上に折ります。

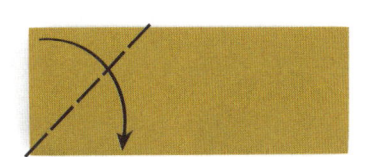

2. 左上のカドを下のフチに合わせて斜めに折ります。

3. 裏返して、反対側も斜めに折ります。

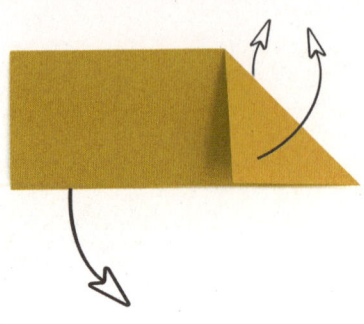

4. すべての折り目を開き、中央の折り目が山折りになるように紙を横に置きます。

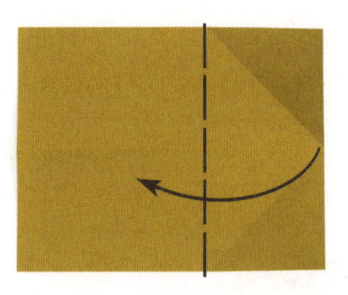

5. ステップ2と3で作った折り目が上下のフチとぶつかっているところで縦に折ります。

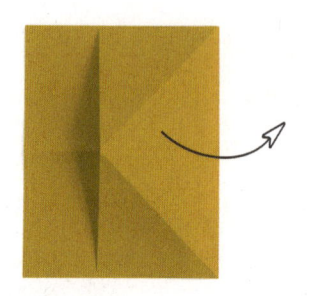

6. 開きます。

7. 右のフチを、ステップ5で作った折り目に合わせて折ります。

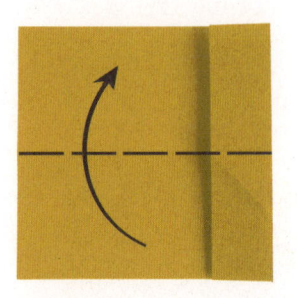

8. 上下中央にある横の折り目で、下から上に半分に折ります。

9. 写真の矢印の部分をつぶし折りにする（つぶし折りの方法は46ページを見てください）。写真の谷折り線で谷折りにしてください。

10A. 上の左右のカドを中心線に合わせて折ります。

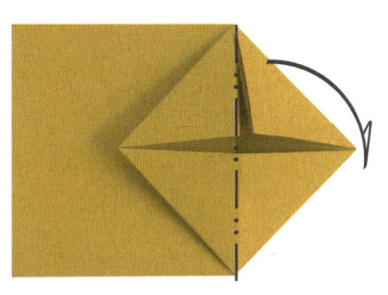

10B. 写真はつぶし折りの部分をアップにしたものです。右側の三角形を反対側に折りこみます。

11. ○印で示した上のフチを、下の○印で示した斜めのフチと一直線になるように折ります。

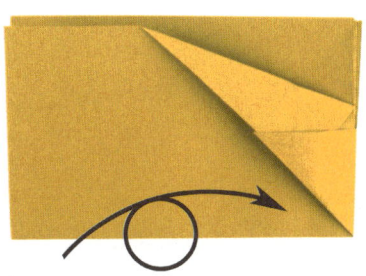

12. ご想像のとおり、上から折ったカドを下の三角形のポケットの中に入れこみます。入れると、写真の点線で示した層が上になります。

13. 裏返して、ステップ11と12と同じ手順で反対側も折ります。

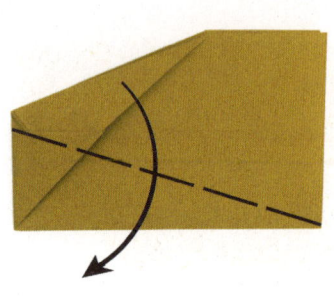 

14. 左側のポケットの上と右下のカドを結ぶ線で翼を折ります。

15. 裏返して、反対側の翼も折ります。

16. 主翼の幅の3分の1ほどの大きめのウィングレットを折ります。翼の上の折り線と平行になるように。

17. 裏返してもう1回、反対側にもウィングレットを折ってください。

18. バス・アックワーズの完成。わずかに上反角をつけます。最初のタイトル部の写真を見てください。横から見ると、ダート型紙飛行機の前後が入れかわった形をしています。

BIRD OF PREY

バード・オブ・プレイ

この飛行機はレターサイズ／A4の紙で折ります

衝撃の外観は、この飛行機のすべてを物語っているわけではありません。美しく湾曲した翼を折ることは、これまでは不可能でした。バード・オブ・プレイは、目を見はる美しい形状と高度な技術が合体した傑作です。この折り紙飛行機は、ある偶然から生まれました。当初、私はワシの頭を折ろうとしていました。その紙の頭に、私が考えた翼の折り方を組み合わせたところ、偶然にも、しっかりとした湾曲構造ができました。それから数十年間、その形を意図して折ろうとしても、なかなか折れませんでした。ところが、たまたま紙飛行機ではなく折り紙で遊んでいたときに、その方法が見つかったのです。

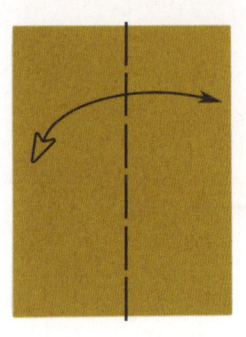

1. 紙を縦に置き、縦半分に折って開きます。

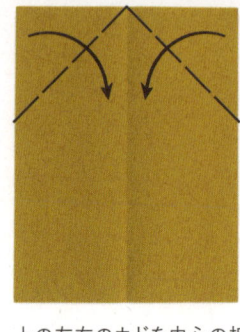

2. 上の左右のカドを中心の折り目に合わせて斜めに折ります。

3. 上の頂点を、左右の三角形のカドが接しているところに合わせて折ります。

4. 矢印で示したところをつぶし折りにします。写真の斜めの谷折り線で示したところに折り目をつけておくと、作業がやりやすくなります。矢印のカドを中央の縦の折り目に合わせて指でしっかりと押さえると、簡単に折れます（私はこの折り目をつけずにいきなりつぶし折りにするほうが好きですが）。斜めに折ったところを開き、写真で示した山折り線のところを山折りにして、斜めの折り線をあらためて谷折りにして、しっかりと平らにつぶしてください。

5. つぶし折りができました。中央から左側に出ている三角形を、折り線のところで右に折りたたみます。

6. もう一度、心をこめてつぶし折り。ステップ4と同じ作業を左側でも行います（必要なら、斜めの折り線を先につけてください）。

7. 右側に出た三角形を左に折りたたむ。下の写真は左右のつぶし折りが完成したところ。

8. 今度は花弁折りです（わからない人は47ページを見てください）。写真は花弁折りをする部分を拡大したものです。まずは、左右の三角形の下の斜めフチを中央の折り線に合わせて折ってください。

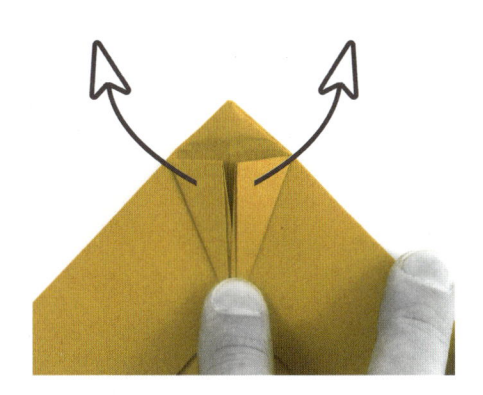

9. 上の三角形を写真で示した線のところで折り、開きます。

10. 左右の三角形を開きます。

11. ステップ9でつけた折り線を支点にして、いちばん上の層を下から持ち上げます。

12A. 写真は途中まで持ち上げたところ。そのまま上に倒し、上下の斜めの折り目を使って花弁折りにします。上半分は谷折りの折り目で山折りにします。

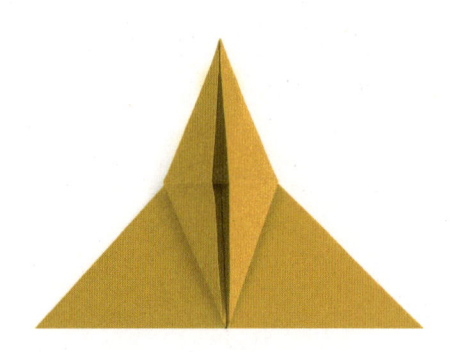

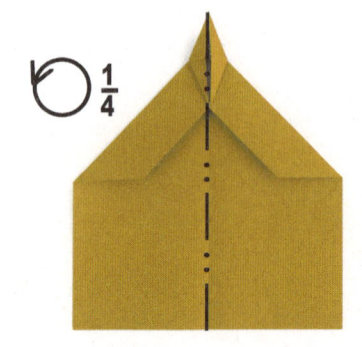

12B. 花弁折りが完成したところ。

13. 縦中央の折り目で山折りにしてから、左45度に回転させます。

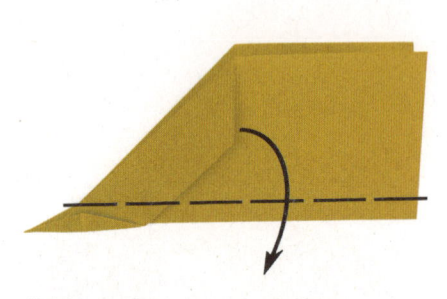

14. 花弁折りの上のところから、胴体の下のフチと平行に折って翼を作ります。

15. 反対側の翼も折ります。

16. ノーズをかぶせ折りにする（わからない人は45
ページを見てください）。ノーズの縦の折り目の下
の終点から、ノーズの上の斜めのフチと平行にな
るように折ります。手前側と反対側をそれぞれ外
に開いて、そのまま下に折りたたんでください。

17A. どうです、かっこいいでしょ？　猛禽類の頭ができ
ました。先端を中割り折りにして、ワシのくちばし
のようにします。

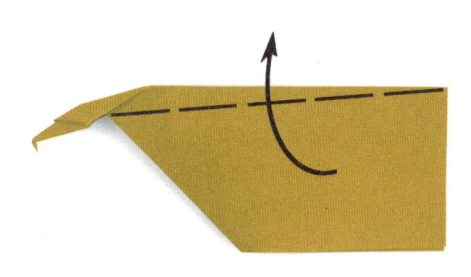

17B. くちばしが完成したところ。

18. 頭と斜めのフチがぶつかっているところと右上の
カドを結ぶ直線で翼を折ります。

19. 片方の翼を折ったところ。折り重なった部分がわ
ずかにゆがんでいますが、そのままにしておいてく
ださい。花弁折りやかぶせ折りが、こうした効果を
生んでいるようです。裏返してもう片方の翼も折り
ます。

20A. 両方の翼を折ったところ。

20B. 翼を開き、飛行機を上向きに置いて、大きな昇降舵を折ります。折り紙飛行機作りでは非常識な技です。こんなに大きな昇降舵をつけたら、ふつうならデザインが台なしになってしまいますからね。

21. まだ非常識な技は続きます。ワシの頭を片手でしっかりとつかみ、もう片方の手で機尾をつかみます。そのまま、ゆっくり、しかし力を入れて、機尾を引っ張ってください。そうすることで、翼がきれいに湾曲します。

22. 写真の翼が湾曲しているところをよく見てください。翼と下の紙の層との間にすき間がありますが、それがこのデザインのキモです。トップの写真は横から見たところですが、美しいと思いませんか？　なめらかに滑空できるよう、昇降舵を調整してください。これほどよく空気に乗れる紙飛行機は、めったにありません。

RING THING

リング・シング

この飛行機はレターサイズ／A4の紙で折ります

この本では、ワケがわからなくて壁に頭をバンバンぶつけたくなるような飛行機がやがて出てくるであろうことを、あなたはおそれていたはずです。まさに、その飛行機の番がきました。あなたはかならず、これを折ります。そう気づいていたはずです。おそろしいことに、この飛行機、実際によく飛ぶのです。

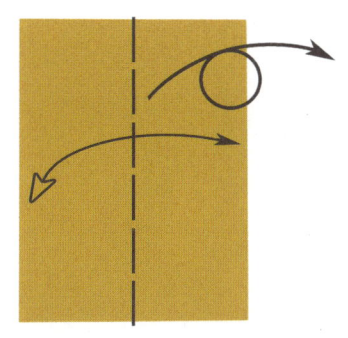

1. 紙を縦に置きます。縦半分に折ってから開き、裏返してください。これは山折りの簡単なやり方です。ステップ2では、紙の中央の折り目が山のように盛り上がっている状態で折っています。

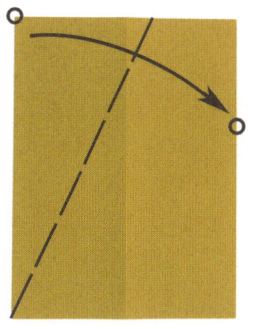

2. 左下のカドを起点にして、左上のカドが右のフチに合うように斜めに折ります。

3. 開きます。

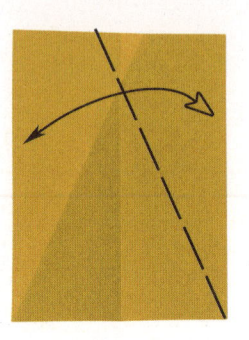

4. 右側も、ステップ2とステップ3と同じ手順で折ります。

5. 中央の山折り線で、左半分を下に入れこむようにして折ります。

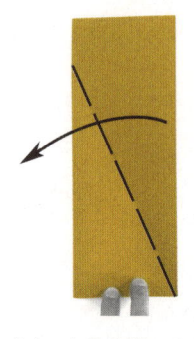

6. さあ、危険地帯に入ります。ここから数ステップを使って紙風船の基本形に似たものを折ります。まずは、斜めの折り目で谷折りにしてください。上の方が手前に起き上がるはずです。

7. 左上のカドを、左のフチに合わせて折ります。谷折りにするのは、写真の○印の位置まで。ここはすべての折り目が交差しているところです。

8. がんばりましたね。では、折ったところをすべて開いてください。紙の裏表をまちがえないように。中央の縦の折り目は山折りになっていることを確認してください。

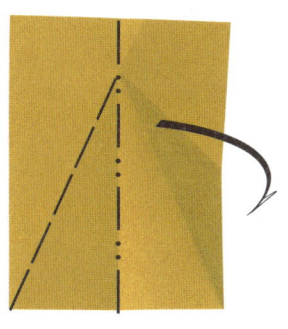

9. 右側を下に入れこむようにして、中央の折り目で山折りにします。続けて、左の斜めの折り目で谷折りにします。

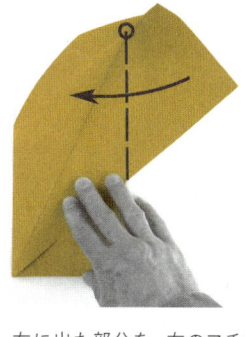

10. 右に出た部分を、右のフチに合わせて左に折ります。これはステップ7で作った折り目と同じもの左側にも作るための手順です。

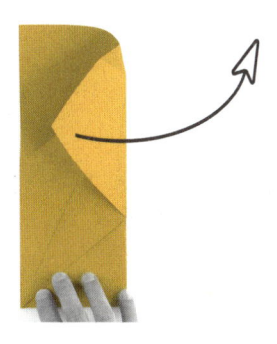

11. 折ったところ、というか、折ったり開いたりしたすべての部分を開きます。

12A. 完全に平らにはせずに、山と谷の折り目が立体的になる状態にしてください。すべての折り目が交差している矢印のところを指で押します。

12B. このように、指を使ってぐっと押しこんでください。

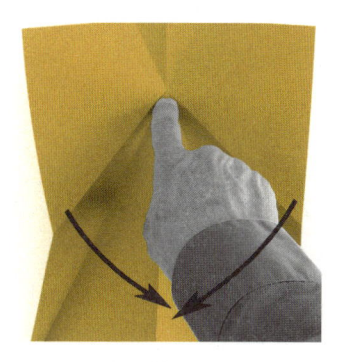

13A. すると、両側が持ち上がります。これは、すべての折り目が1点で交差しているから可能になるのです。つまり、正確に折るのが大切ということです。持ち上がってこないと、この先の手順が写真のように簡単にはいかなくなりますが、折れないことはありません。

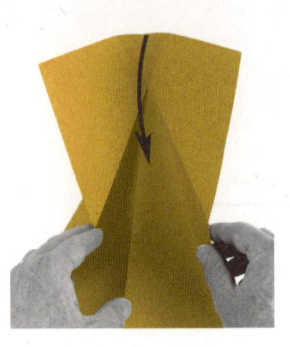

13B. 持ち上がってきた両サイドを中央で合わせ、上の部分を下げます。

13C. 写真は、両サイドを平らにして、上の部分を手で押し下げているところです。このまま平らに折りたたんでください。このとき、写真の○印のカドを折り目が通るようにします。

14. ここまで成果をしばしながめて、自分をほめてあげましょう。では、上の三角形を、両側のカドを結ぶ線で折ってください。

15. 今折った三角形の頂点と上のフチとの距離の上から3分の1の位置で横に折ります。

16. 下の左右のカドを内側に折ります。折り線は上下の三角形が接しているカドを起点にして、中央の縦の折り目と平行になるように。

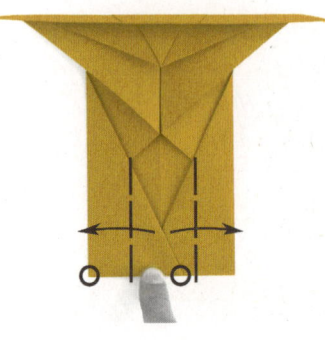

17. 折った左右のカドを、半分の位置で外側に折り返す。三角形の下のカドと下辺のカド（○印）を合わせてください。

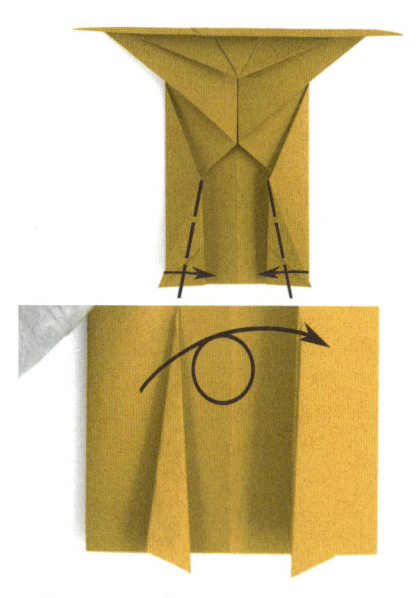

18. 折り返してできた小さな三角形をさらに半分に折ります。今回は、外側の斜めフチを内側の縦のフチにそろえること。ここで深呼吸しましょう。紙を裏返して、輪を作る準備をします。

19. 右側に伸びている腕状の部分を、左側の腕状の部分の中に差しこみ、輪を作ります。腕の部分全体を丸くなるようにほぐして、左側の腕の先端を少し開いておくと、右側の腕を比較的簡単に入れることができます。

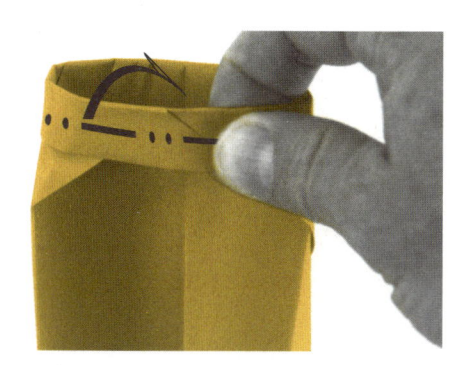
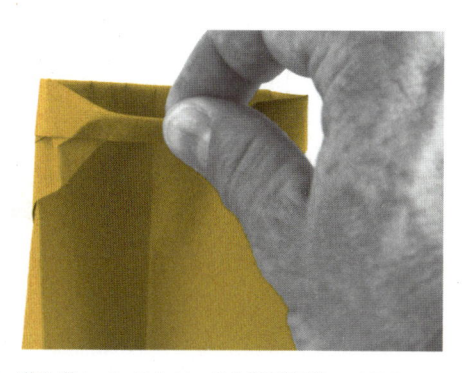

20A. さて、ここが難しい。腕と腕を差しこんだ部分を指でしっかりと押さえて、そこを半分に山折りにします。次のステップ20Bは、途中まで折ったところです。このまま指でしっかりと押さえつけながら、輪の先端を内側に折りこみ続けることで、輪のつなぎ目が固定されます。

20B. 落ち着いて。これは、折り紙飛行機のベテランであっても叫びたくなるほどやっかいな手順なのです。最後までつなぎ目を押さえていないと、すぐにはずれてしまいます。輪を平らに折るのは至難の技です。しかも、差しこめる腕の部分が短いため、はずれやすくなっています。ご忠告まで。

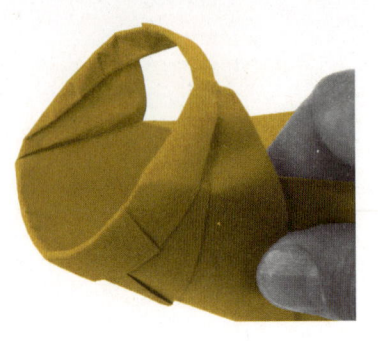

20C. 輪から手を離したところ。やればできるという証拠です。

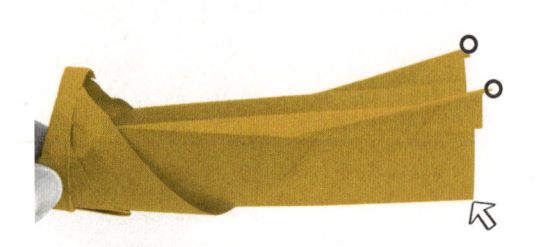

21. 写真は、ここで作業するところを示しています。機尾下の矢印の位置を胴体の高さの半分程度に中割り折りにします。翼の後端の○印のところにわずかに上向きに昇降舵を作ります。

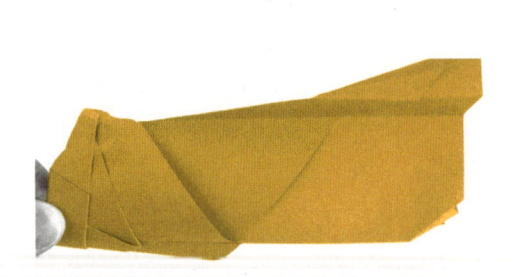

22A. リング・シングの完成。

22B. すばらしい！　でもこれだけではありません。

22C. リング・シングの輪の形を変えて「恋の初飛行」号にするというオマケもあります。この飛行機を飛ばすには、まず飛行機全体を手でおおうようにして、やさしく持ちます。アメフトのボールを持つときみたいな感じです。そのまま押し出すように投げてください。最初は水平に飛ばしてみましょう。

THE BOOMERANG

ザ・ブーメラン

この飛行機はレターサイズ／A4の紙で折ります

ザ・ブーメランは世界的に人気のある紙飛行機です。正しく投げると、大きな円を描いて自分のところへ戻ってきます。私にとって意外だったのは、A4のコピー用紙で折ると、翼がパタパタと羽ばたくことです。アメリカのレターサイズの紙を使うとしっかりと固く仕上がる前縁が、A4用紙のときは関節のように動くためです。2012年にオーストリアで開かれたレッドブル・ペーパーウイングス大会＊で、この飛行機が羽ばたきながら旋回する様子を見たときは、とてもゆかいでびっくりしました。

＊訳注：大学生と専門学校生を対象とした自作紙飛行機の世界大会。「最長飛行距離」「最長飛行時間」「曲技飛行」の3部門で競われる。

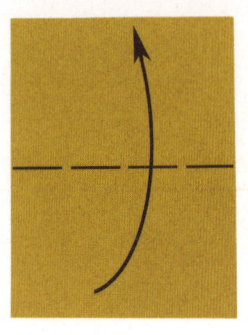

1. 紙を縦に置き、下から上に横半分に折ります。

2A. 下のフチの中央をつまんで、小さな印をつけます。

2B. 印はこのようにつけます。右下のカドを持ち上げて左下のカドに合わせて、右下のカドを指で強く押してから、開いてください。

3. 続けて、中央の印と左下のカドとの中間にも印をつけます。

4. 開きます。

5. ステップ4でつけた左の印と左上カドを結ぶ線で斜めに折ります。

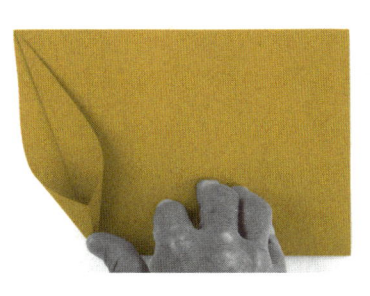

6A. つぶし折りをします。矢印のところから開いてください（つぶし折りの方法は46ページを参照）。

6B. ポケットが開いたら、ポケットの折り目と下の斜めの折り目が一直線になるようにそろえて折りたたみます。

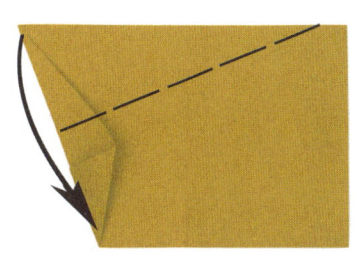

7. つぶし折りが完成したところ。左側を山折りにして反対側に折りこみます。

8. これから、左上のカドを、つぶし折りでできたポケットに入れこむ作業を行います。まずは、左上のカドを左の斜めのフチにそろえて、左下のカドから少し上のあたりに合わせて折ります。

9A. 写真の谷折り線は、ポケットに入る大きさを示しています。ポケットにきれいに収まるように、この線で上の層を折ってください。

9B. 写真は左下のカドを拡大したところです。ステップ8で折った左上のカドが、下のカドよりも少し上にずれていることに注意してください。

10A. ステップ9Aの谷折り線で折ったところ。いよいよ、ここをポケットに入れこみます。

10B. 上の層が持ち上がって湾曲していますが、後できっちり折りたたむので心配しないでください。左下の先端をポケットに入れるのが先決です。

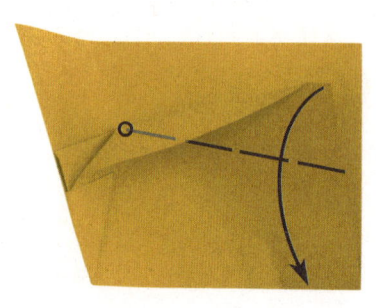

11. ポケットに入れたら、上の浮いている部分の処理にかかります。ステップ9Aの折り線の上の終点にあたる部分（○印）を起点にして、上の層の右上のカドを下のフチに合わせて、つぶし折りの要領で折ります。

12. これで片側の作業が完了しました。反対側も折りましょう。写真のようにステップ11で折った先が下のフチまで届かないことがありますが、気にしなくて大丈夫です。大切なのは、手前側と反対側がぴったり同じ形になることです。ステップ8からステップ11までの手順を、反対側で繰り返してください。

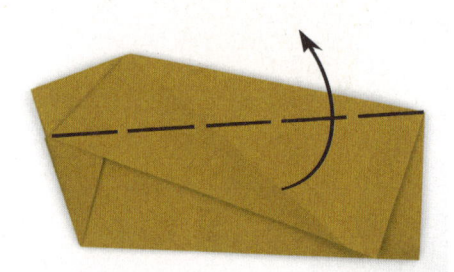

13. いちばん上の層を、ポケットの上のカドから右上のカドを結ぶ線で折ります。

14. 裏返して、反対側も同じように折ります。

15. これからノーズをつぶし折りにします。矢印のところを押しこんでください。

16. 全体を開きながら矢印のところを内側につぶすように折り、中央の折り線同士を合わせてください。

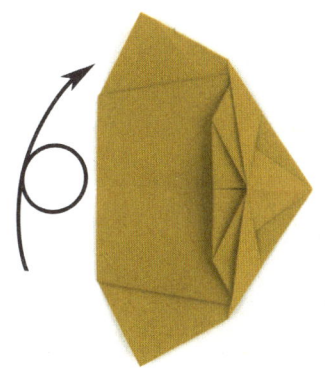

17. 写真はほぼ平らになったところ。折り目をつける前に、○印の部分を、中央の折り線にできるだけそろえてください。

18. しっかりと平らにしたら、裏返します。

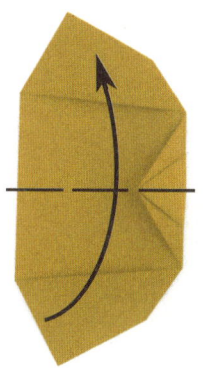

19. ノーズを、上下の内側の折り線の先端を結ぶ線で折ります。

20. 中央の折り線で半分に折ります。

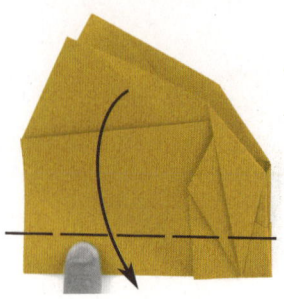

21. 下のフチと平行に翼を折ります。

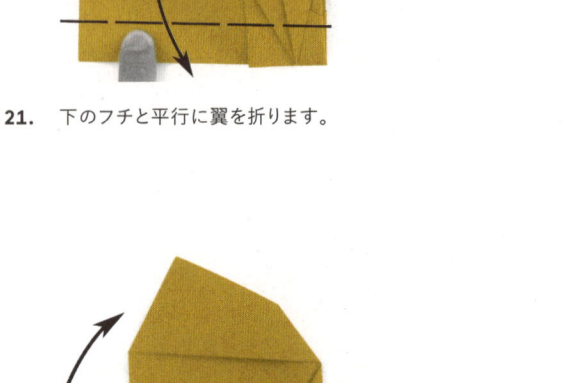

22. 写真はノーズを拡大したところ。小さな三角形が見える状態にしてください。

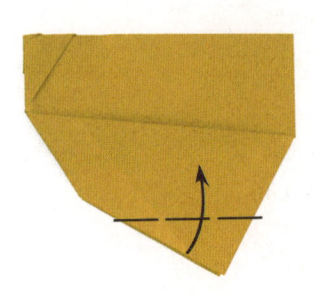

23. 裏返します。

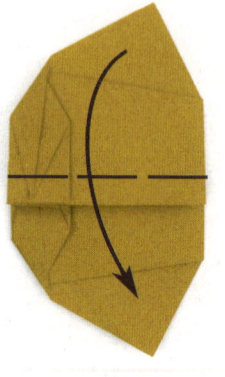

24. もう片方の翼を折ります。

25. 上のフチと平行にウィングレットを折ります。

26. 私は、ウィングレットの先端が下の層の折り線よりも少し下になる程度にしています。層の折り目に合わせてウィングレットを作っても、それなりに飛びますが、小さめの方がよく飛びます。反対側のウィングレットも折ってください。

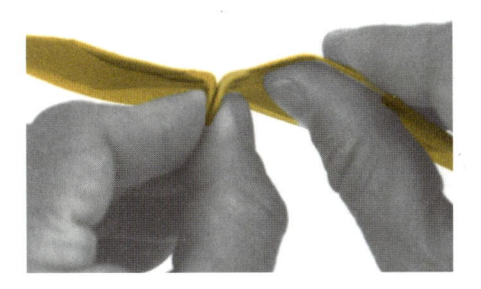

27. 翼の前縁の胴体に近い部分を湾曲させます。

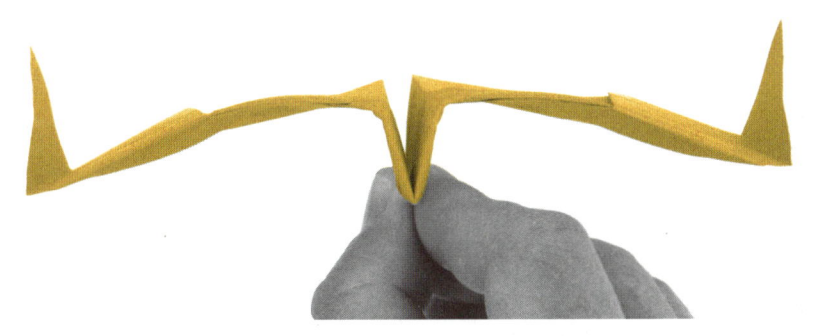

28. 完成したザ・ブーメラン。翼が下にまがってます。これは下反角です。こうすることで、斜めに飛ばしたときに、その姿勢が保たれます。

29. 右の写真の角度で投げてください。上反角をつけると、斜めに投げても水平な姿勢に戻ってしまいます。上反角の場合は重心が空力中心のずっと下になり、振り子のように姿勢を元に戻そうとする力が働いてしまうためです。下反角にすると、その効果はなくなります。昇降舵をつけると回転半径を小さくできます。

THE STARFIGHTER

ザ・スターファイター

ザ・スターファイターは、30メートルにちょっと欠ける記録で飛行距離の世界チャンピオンに2度輝いています。今の世界記録やレッドブル・ペーパーウイングスの標準記録からすれば控えめな数字ですが、この飛行機の最大の強みは、海外運送便で送っても飛行性能が落ちない頑丈さです。その秘密は、六角形の翼にあります。

1. 紙を縦に置き、右上を斜め折りにしてください。ここから紙風船の基本形を作ります（40ページを参照）。折り方がわかっている人は、ステップ10まで飛ばしてもかまいません。

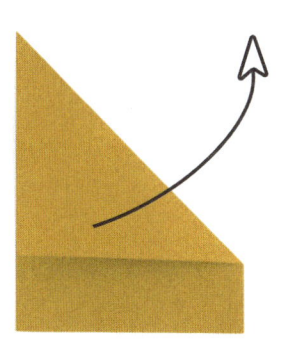

2. 開きます。

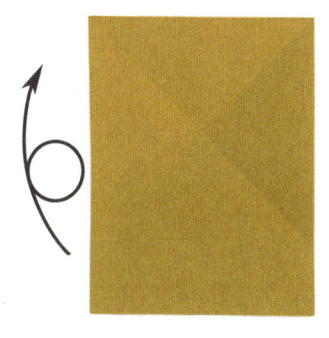

5. 裏返します。

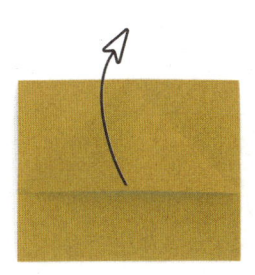

7. ステップ6で折った部分を少しだけ開き、裏返して、折り目が屋根の形になるようにして置きます。

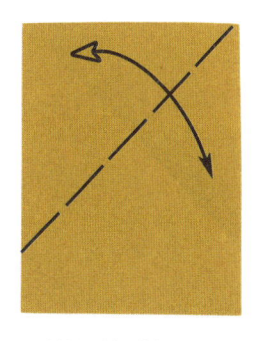

3. 反対側も斜め折りにします。
4. 開きます。

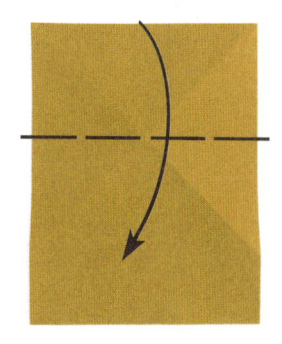

6. 斜めの折り目が交差している位置を通過するように上のフチを下に折ります。

8. すべての折り目が交差している部分を指で押しこむ。すると、周囲の紙が持ち上がってきます。

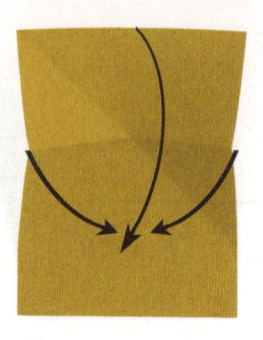

9. 左右の浮き上がってきた部分を中央によせて、同時に上のフチを下に折りたたみます。

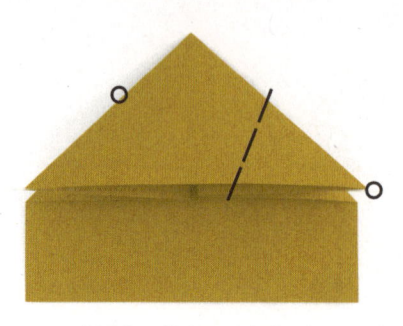

10. これで紙風船の基本形が完成。次に、三角形の右のカド（○印）を、左の斜辺の○印のあたりに合わせて折ります。このとき、折った上の折り目が三角形の底辺と平行になるように。

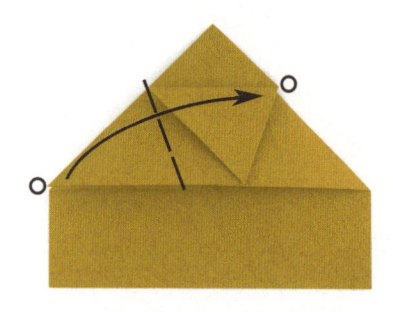

11. ステップ10で折った小さな三角形の上のフチで、その上に直角三角形ができていることに注目してください。左側も同様に○印を合わせて折ります。

12. ○印の部分を持ち上げて開き、ポケットを作ります。

13. このポケットに右側の三角形を入れこみます。

14. 写真はポケットに入れている途中です。このまま完全に奥まで入れて、平らにしてください。

15. 裏返します。

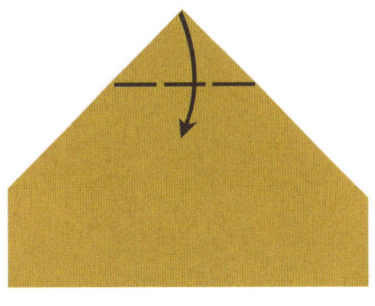

16. 裏側の小さな三角形を重ねた上のフチに合わせて、上部を下に折ります。

17. 裏返します。

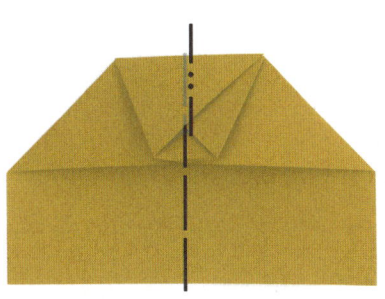

18A. これから縦半分に折りますが、やり方がちょっと変わっています。いちばん上の層を持ち上げて、全体をたたんでください。

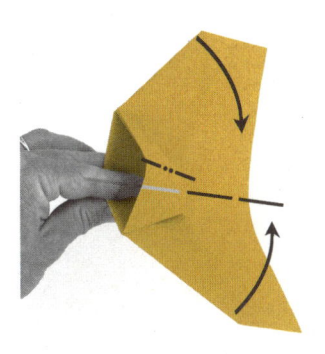

18B. 写真は、折っている途中の形を別の角度から見たところです。ポケットで接合した部分がはずれないように気をつけてください。

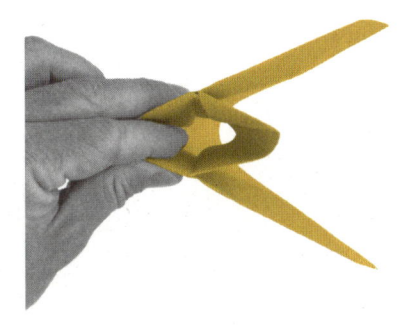

18C. うまくいっています。空洞になった部分の上下と左右の折り線をそれぞれぴったり合わせて、胴体の中央をきれいに折ってください。

19. きれいにできました。ここで少しだけ開きます。

20A. これから、空洞部分に新しい2本の折り目をつけます。空洞の後ろのカドを起点に、胴体中央の折り線と平行な線で谷折りにしてください。こうすることで、空洞の上部が下に沈みこみます。

20B. 空洞の上の部分を指でつまむと、やりやすくなります。

20C. 写真は空洞の谷折りができたところです。折り目は胴体中央の折り目と平行になっています。

21. 左右から空洞部分を押して、きっちり折りたたむ。

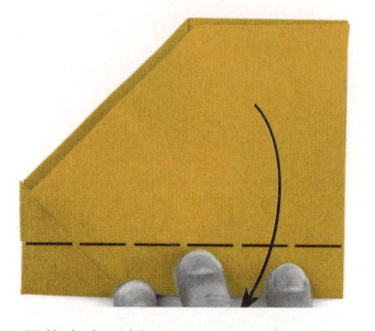

22. 胴体中央の折り目と平行に翼を折ります。ステップ21でできた折り目の位置を基準にしてください。

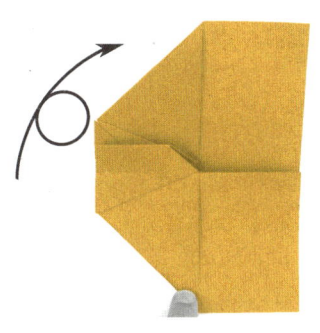
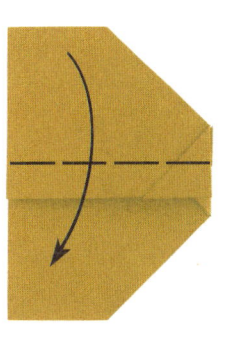

23. 片側の翼を折ったところ。空洞の折り線と翼の折り目が一直線にそろっていることを確認してください。裏返して、同様に反対側の翼も折ります。

24. 左右の翼の大きさがぴったり一致するように。

25. 翼の先端を、先端のフチと平行な線で折ります。これは、空洞のカドを中割り折りにするための準備です。

26. 折った上のカドと空洞の斜めの折り目とがそろうように折れたら、開きます。

27. 写真の矢印の部分を中割り折りにします。初めての人のために、中割り折りの方法を説明します。矢印のところの上の層を持ち上げて袋状にして、ステップ25で作った折り目であらためて折ります。

28. ステップ17の矢印の位置が翼の上編の線にそろいます（〇印）。あわてずゆっくりやってください。

29. 上に出ている部分を下に折ります。

30. 上出来です。ここで一服してから、裏返して、ステップ25から29までの作業を反対側でも行ってください。

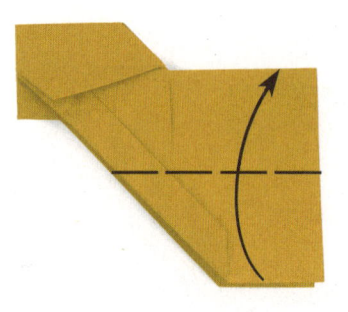

31. 翼の下のフチを上のフチに合わせて折ります。ここから六角形の翼を作っていきます。

32. 開きます。

33. ステップ31でできた折り目に翼の下のフチを合わせてウィングレットを折ります。

34. 裏返して、ステップ31から33の手順をもう片側でも繰り返します。

35. 翼を開いて、下の写真のように形を整えてください。

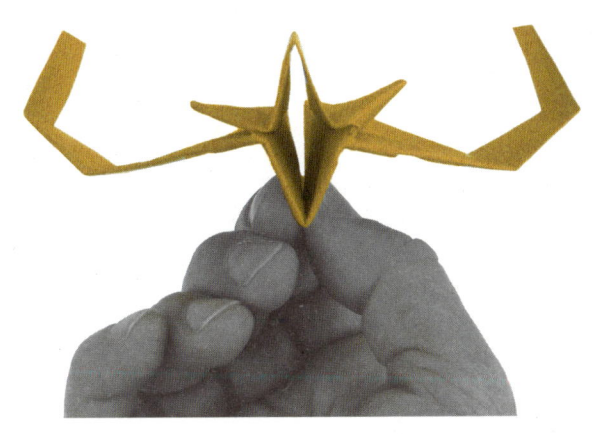

36. ザ・スターファイターの完成です。胴体側の翼はわずかに下反角になっています。それが
この飛行機に衝撃的なスタイルを与えています。ノーズの空洞も、いい味を出しています。

フォローフォイル

　これから紹介する4つの飛行機は、フォローフォイルという、ちょっと風変わりなタイプの飛行機です。現在の滞空時間世界記録よりも長い間、空に浮かんでいることができます。その秘密は、飛行機の後ろで上昇気流を作り出す1枚のボール紙の板にあります。この板を持って飛行機について歩くことで、飛行機は板が作りだす上昇気流に乗れます。飛行機が滑空しながら高度を下げるのと同じ速さの上昇気流を与え続けるかぎり、いつまでも高度は下がらない、という理屈です。いうなれば、空気のサーフィンです。飛行機の後ろについて歩き、空気の波を送り続けます。部屋や体育館や飛行機の格納庫などの広い場所で、空気の波を送り続けながら飛行機の後ろをついて歩くのです。

　実際、私も、サンフランシスコの体験学習型博物館エクスプロラトリアムで、フォローフォイルを30分以上も飛ばしたことがあります。その当時の折り紙飛行機の滞空時間世界記録は、28秒に欠ける程度でした。私は、この新記録を世界記録として認定してもらおうとギネス世界記録に送ったのですが、その直後に、フォローフォイル型の飛行機は認定しないというルール変更が行われたために実現しませんでした。後で知ったのですが、同じ年にほかに2人のイギリス人も、フォローフォイルの記録認定を申請していたそうです。今思えば、ギネスの判断はもっともです。フォローフォイルの耐空時間をギネスブックで競うようになれば、本来は空気力学上のチャレンジのはずが、人の持久力のチャレンジへと根本的に意味が変わってしまうからです。

●フォローフォイルの調整と飛ばし方

　まずは、操縦翼面を調整して、まっすぐに飛ぶようにします。右にまがってしまうときは、左側の昇降舵を上げるか、翼の先端を少し下げて（前縁ドループをつけて）抗力を増やします。または、右側の昇降舵や前縁ドループを平らにして右側の抗力を下げる方法もあります。速い方の翼の抗力を増すか、遅い方の翼の抗力を下げることで、まっすぐに飛べるようになります。また、昇降舵を調整して、水平に滑空できるようにしてください。上昇や下降をする状態は、よくありません。なめらかにまっすぐに飛ぶように調整することが先決です。

　私は、フォローフォイルを飛ばすときにこうしています。左手の指を広げて、手のひらを上に向けます。その手を肩の高さで保持します。左手の指先近くに飛行機を置きます。指の間を通った空気が翼の下面によくあたるようにです。右手にはボール紙の板を持ちます。板を立てて、上側を手前に倒して斜めにします。こうすると、歩いたときに前からきた空気が板にあたって上昇気流になります。左手に飛行機をのせて、右手に板を持って歩き始めます。歩く速度と板の角度をうまく調整すると、飛行機が浮き上がります。浮き上がったら、板を両手で持って、飛行をコントロールする態勢をとります。

　飛行の方向を変えたいときは、板の角度を変えて、どちらかの翼に多めに空気があたるようにします。たとえば、左側の上昇気流を強くすれば、飛行機の左翼が持ち上がり右に旋回します。補助翼によるローリングの原理に似ています。右に旋回させたいときは、左翼の下にあたる上昇気流を多くします。左に旋回したいときは、右翼の下にあたる上昇気流を増やしてやります。

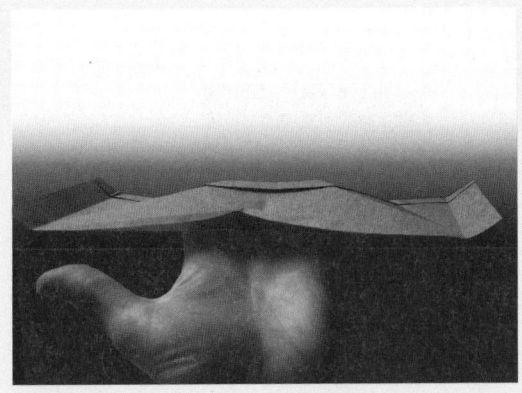

◎指の間を空気が通るようにして、飛行機を浮かせる

◎板の角度をうまく調整して、飛行機を浮かせ続けられる上昇気流を作る

LF-FF

ロックト・フューセラージ・フォローフォイル（ロックした胴体のフォローフォイル）略してLF-FF です。折り紙飛行機としてもフォローフォイルとしても楽しめる、その境目がない一機二役のデザインです。ふつうの紙を使えば、屋内をゆっくりと飛ぶグライダーとして遊べます。アメリカの電話帳のような薄い紙を使えば、非常に高性能なフォローフォイルに仕上がります。私は、ロックを使った胴体と、翼面荷重がとても小さい点が気に入っています。フォローフォイルの中でも、これはもっとも飛行速度が速い機種なので、有酸素運動で汗を流したい人にはうってつけの飛行機です。

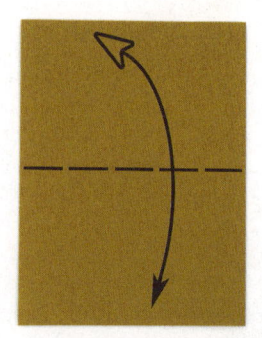

1.　紙を縦に置き、横半分に折って開きます。

2.　裏返します。

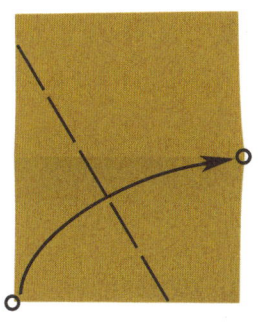

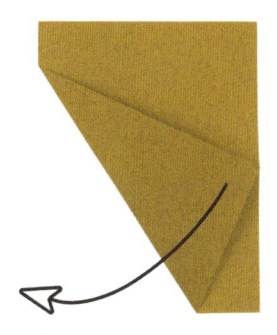

3. 左下のカドを中央の折り目の右端に合わせて斜め
に折ります。

4. 開きます。

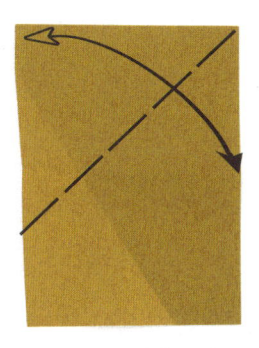

5. 左上のカドを中央の折り目の右端に合わせて折り、
開きます。

6. 左のフチから斜めの折り目の交差点までの距離の
3分の1の位置で縦に山折りにして、裏返します。

7. 折った端の線でさらに谷折りにします。ステップ6
でぴったり3分の1に折れていれば、縦のフチは斜
めの折り目の交差点にぴったり合います。苦労し
て3分の1のところで折ることには、そんな理由が
あるのです。正確に折れなくても、縦フチが斜めの
折り目の交差点まで届かないときは問題ありませ
ん。しかし反対に、交差点を通り越してしまうと、次
のステップで谷折りにしたときにシワが入ってしま
います。

8. 斜めの折り目の交差点の位置で谷折りにします。

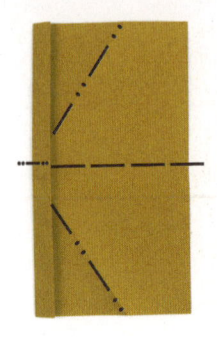 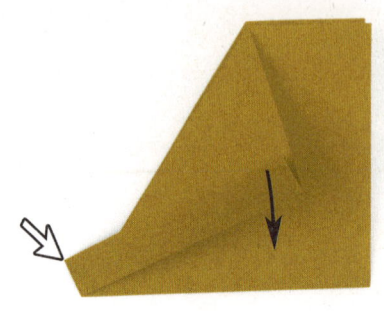

9. ここからコリンズ・ノーズロックを作ります。くわしい折り方はプログライダーのステップ12Aから13D（78〜80ページ）を見てください。ただし、プログライダーと違い、折り重ねた部分は中央の折り目とはそろわず斜めになります。

10. ノーズロックを続けましょう。折り重ねた部分を下側に開き、白い矢印のところが斜めのフチにそろうようにします。

11. ノーズロックの最後の工程は、ちょっと複雑なので、プログライダーのステップ13Aから13Dを参考にしてください。上の層を開きます。

12. 左上のフチを斜めの折り目に合わせて折ります。

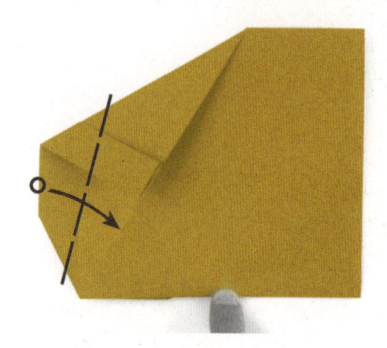 

13. 写真の○印の部分を斜めの折り目に合わせて折ります。

14. 斜めの折り目であらためて折ります。

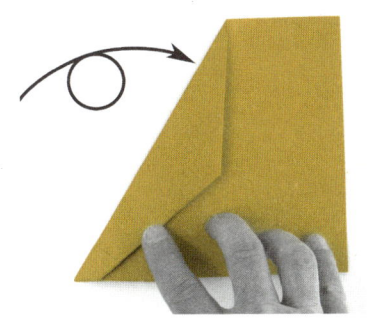

15. 裏返して、反対側もステップ11から14の手順で折ります。

16. ノーズロックの上から機尾の下のカドを結ぶ線で翼を折ります。

17. 裏返して、もう片方の翼も折ります。

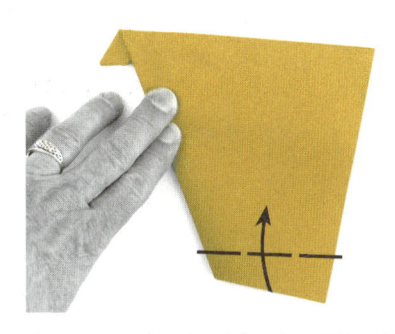

18. 上のフチと平行になるようにウィングレットを折ります。ウィングレットの前縁は、ノーズと同じ高さにします。ノーズよりも高くなってもかまいませんが、低くしてはいけません。

19. 裏返して反対側の翼にもウィングレットを折ります。

20. LF-FF の完成。翼面荷重が非常に小さいので、ふつうの紙で作ると、とってもゆっくり滑空します。しかし、本当の楽しさは電話帳のように薄い紙で折るとわかります。ぜひやってみてください。

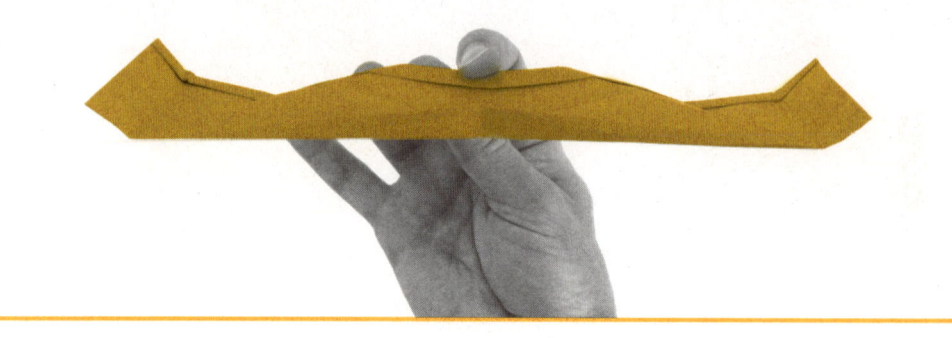

FFF-1

私はこの飛行機が大好きです。FFF は、フォールデッド・フォローフォイル（折りたたまれたフォローフォイル）の略です。変な折り目がたくさん入っていて、縁もまっすぐではありません。そんな形状から、私はこれを見るとアメリカ空軍の「-117A ステルス攻撃機を思い出します。調整はウィングレットで行えますが、大きな斜めの折り目を使って、まがってしまう方向の、反対側の翼の抗力を高めることもできます。この飛行機の滑空比は驚くほどすぐれていて、電話帳のような薄い紙で折れば理想的なフォローフォイルとなります。これは、この本のために私が考案した飛行機の第 1 号です。そのため、これを紙飛行機のショーで披露できるようになるまで、何年も待たなければなりませんでした。先に飛行機を見せておいて、その折り方が載っている本の発売はずっと先だなんて話せば、みんなが怒りだすことを私は知っていたからです。

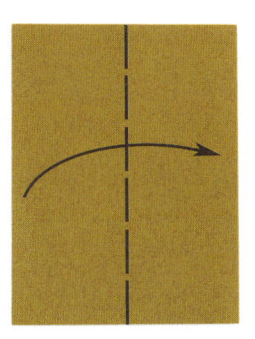

1. 紙を縦に置き、縦半分に折ってください。

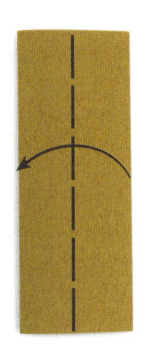

2. 上の層を左に縦に折ります。下の層はそのまま折らずにおいてください。

3. ここはちょっと注意が必要です。写真の谷折り線がグレーになっているのがわかりますか？ これは、ひとつ下の層を折ることを意味しています。上の層の中央の折り目の上下のカドを、下の層の上下のカド（左側の〇印）に合わせて折ります。つまり、ひとつ下の層を縦半分に谷折りにするのです。

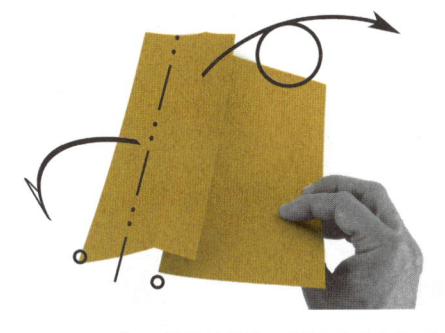

4. ステップ3の結果は写真のようになります。次に、左のフチを写真の山折り線（左のフチといちばん左の折り目との中間）で後ろに折りこみます。こうすることで、写真の〇印の部分が合わさります。折れたら、裏返してください。

5. 左のフチを左の折り目に合わせて折ります。

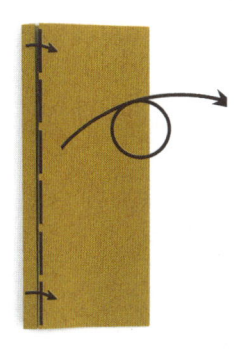

6. 左の折り目のところでさらに折り、裏返します。

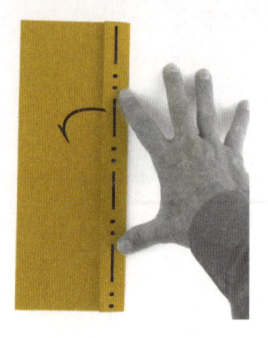 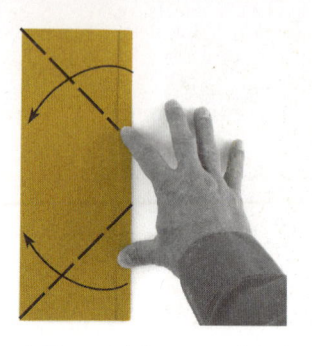

7. 折り重ねた部分を半分に山折りにし、左側を後ろ
に折りこみます。

8. 上下のフチを左のフチに合わせて、それぞれ斜め
折りにします。

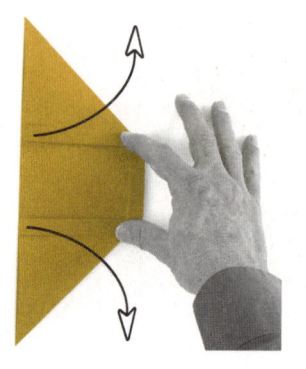 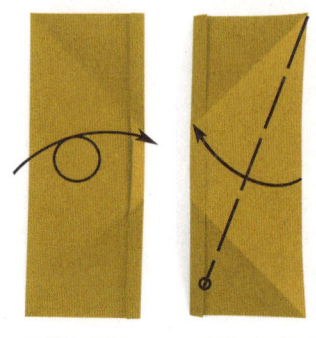

9. ステップ8で折ったところを開きます。

10. 裏返します。

11. 右のフチを斜めの折り目に合わせて折ります。た
だし、折り重ねた部分（○印）から下には折り目を
入れないようにします。

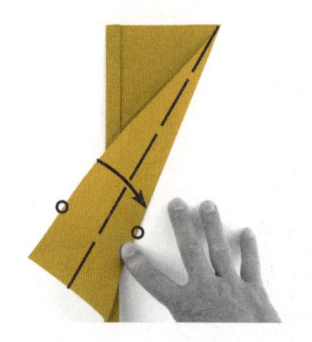 

12. 左の斜めのフチを右斜めのフチに合わせて折りま
す。写真の○印が合うように。

13. いちばん上の層の右側を、ステップ12でできた左
の斜めの折り目に合わせて折ります。

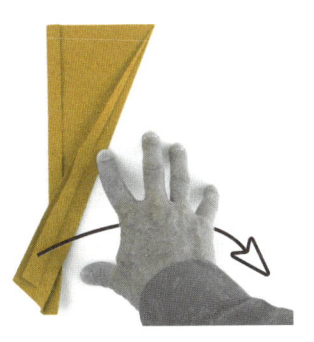

14. ステップ11から13までで折ったところを開きます。

15. もう片方も、ステップ11から14の手順で折ります。写真では真ん中の折り線は山折りになっていますが、手順どおりに折ればすべて谷折りで処理できます。

16. 折り重ねた部分の幅より3分の1ほど広い幅で、上下にウィングレットを折ります。

17A. ステップ16で折ったウィングレットを開きます。
17B. 右の写真は開いたところ。

18. ウィングレットの折り目を、ステップ8で作った斜めの折り目に合わせ、写真の谷折り線の部分だけ折ります。

19. 上の写真はステップ18を折ったところ。右下は折り目をつけず、ふんわり丸めておきます。ステップ18で折ったところを開いてください。下の写真は開いたところです。上側にも同じ手順で折り目をつけてください。

20. 左の写真は上下に折り目をつけたところ。右の写真は、これから折る部分を拡大したものです。矢印のところを左に押して、ステップ11から15で作った折り目を蛇腹状にたたみます。

21. 上の写真は蛇腹がきれいに折れていく様子です。下の写真は、蛇腹を折りたたみ、指で押さえつけたところです。前縁には中央の折り目がつけられていない点に注意してください。

22. FFF-1の完成。この飛行機は、本書の中でも宝石のような1機です。とても優秀なフォローフォイルです。

ROGALLO
FOLLOW FOIL

ロガロ・フォローフォイル

この飛行機はレターサイズ／A4の紙で折ります
（薄くて丈夫な紙がおすすめ）

この本のために、私が2番目に考案した飛行機です。翼面がしっかりと湾曲しています。これは、もともと宇宙船の回収システムとして開発されたハンググライダーの元祖「ロガロ翼」を模しています。ロガロ翼はその後、スポーツとしてのハンググライダーに進化し*、今ではさまざまな翼形が現れています。このロガロ・フォローフォイルは、私が子どものころに見た最初のハンググライダーを思い起こさせます。鋭い三角形でふっくらとふくらんだ翼形は、電話帳のような薄い紙で折ると、フォローフォイルとして大変にすぐれた飛行性能を発揮します。

＊訳註：ゲイラカイトもその応用例。

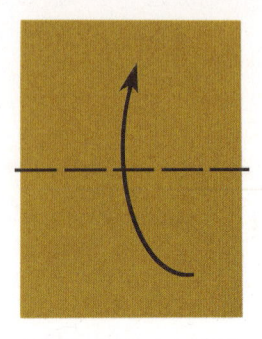

1. 紙を縦に置き、下から半分に折ります。

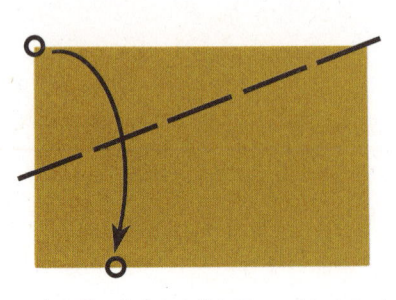

2. 上の層の左上のカドを下のフチに合わせ、右上のカドを起点にした直線で斜めに折ります。

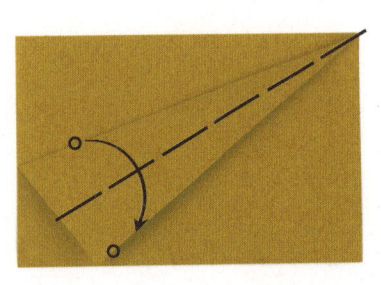

3. 斜めのフチと斜めの折り目をそろえて、半分に折ります。

4. 裏返して、反対側もステップ2と3の手順で折ります。

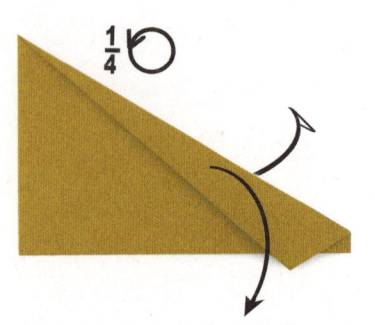

5A. 中央の折り目を開き、左に90度回転させます。

5B. 開いて回転させたところ。

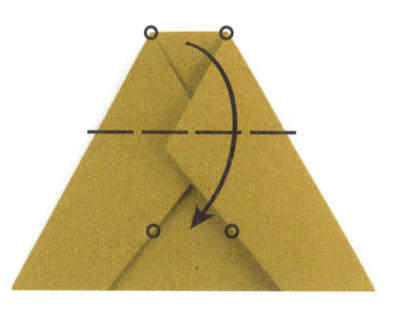

6A. 写真は上部を拡大したところです。上の2つのカドを、下の○印の位置に合わせて折ります。

6B. ステップ6Aを折ったところ。

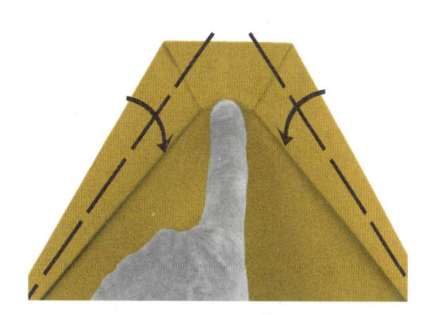

7A. ちょっとだけ引いた写真です。写真の谷折り線で、下まで半分に折ってください。

7B. ステップ7が完了したところ。

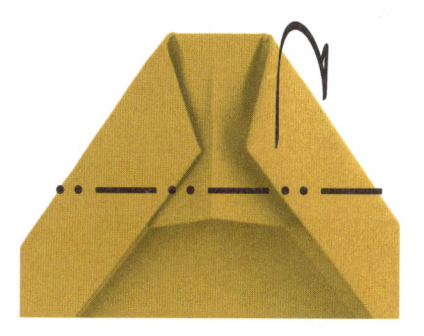

8A. ふたたび写真を拡大しています。左右の斜めに折った部分のカドと、その下の層の下のフチとの中間あたりで山折りにします。

8B. 写真は、ステップ8Aを折ったところを拡大しています。

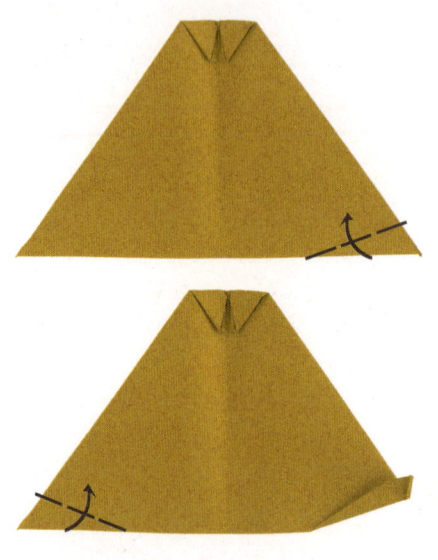

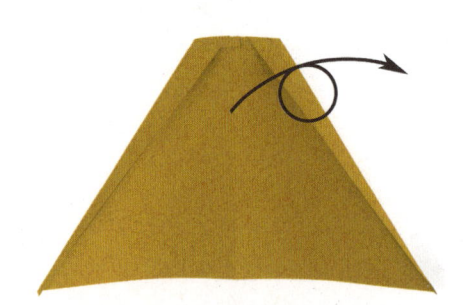

8C. 全体像に戻りましょう。翼が湾曲し始めているのが
わかります。ここで裏返してください。

9. 下のフチの中央から左右の端まで、大きな昇降舵
を折ります。

10. 反対側にも同じサイズの昇降舵を折ってください。

11. ノーズを指でつまんで、もう少し翼を湾曲させましょう。これをグライダーとして投げてみ
てください。ふつうの紙で折っても、とても楽しく飛ばせます。しかし、電話帳の紙で折る
と、その本領が発揮されます。この飛行機の解説でも書きましたが、これはロガロ翼の形
を模しています。フォローフォイルとして飛ばすと、海岸の絶壁から吹き上げる上昇気流
に乗ったハンググライダーのように浮き上がります。本物のハンググライダーと、まったく
同じ原理ですからね。上昇気流が下降率を相殺して、飛び続けます。

WALK THIS RAY

ウォーク・ディス・レイ

三角形の小羽枝（翼の前縁から突き出ている部分）は、このデザインのもっとも目を引くところです。翼の前縁から突き出た部分があると、その周囲を流れる空気は翼の上面で渦を巻き、揚力を生む可能性があると聞いたことがあります。この飛行機では、それが効いているように感じられます。その角度を上下に調整することで、グライドパスを改善できます。電話帳の紙で折れば、とてもすぐれたフォローフォイルとなり、大変に楽しませてくれますが、ふつうの紙で折っても、そこそこよく飛ぶグライダーになります。

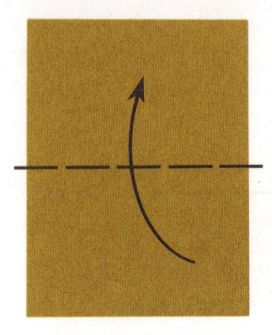

1. 紙を縦に置き、下から半分に折ります。

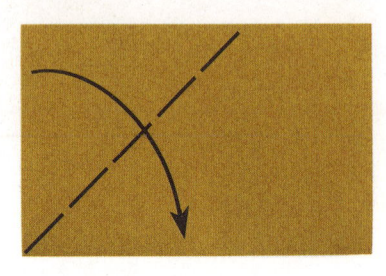

2. 上の層の紙を、左のフチと下のフチにそろえて斜めに折ります。

3. 裏返して、反対側も同じように折ります。

4. 中央の折り目を開き、左に90度回転させます。

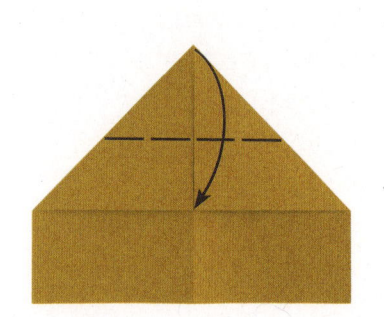

5. 上の頂点を、左右の三角形が接している位置に合わせて折ります。

6. すべての折り目を開きます。

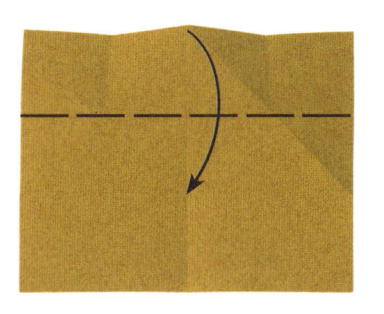

7. ステップ5でつけた折り目で下に折ります。

8. 左右にできた正方形を、それぞれ斜め折りにします。

9. ステップ8で折ったところを開きます。

10. 左右の上のカドを、折り目にそって中割り折りにします。

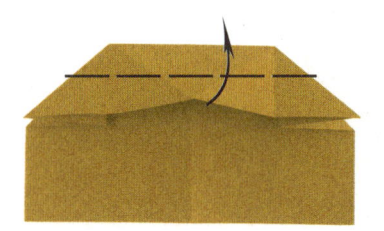

11. いちばん上の層を写真の折り線で半分に折ります。すると、左右が浮き上がってきます。

12. 右のカド（写真の右側の○印）を、左側の○印に合わせて折ります。すると写真の谷折り線で、きれいに折りたたむことができます。

13. 左側も同じように折ります。

14. 左右の上のカドを斜めのフチにそって折り、中割り折りのための折り目をつけます。

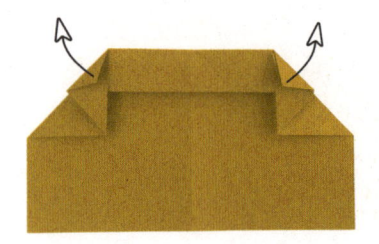

15. ステップ14で折ったところを開きます。

16. 左右の上のカドを中割り折りにします。

17. いちばん上の層の小さな三角形をそのままにして、ひとつ下の層を横のフチにそって山折りで後ろに折りこみます。

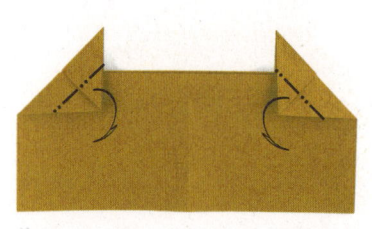

18. 左右の三角形の内側のカドを、左右の斜めのフチと平行な折り線で、それぞれ内側に折りこみます。

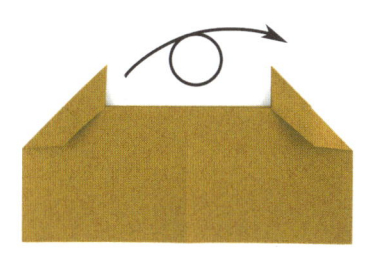

19. 裏返します。

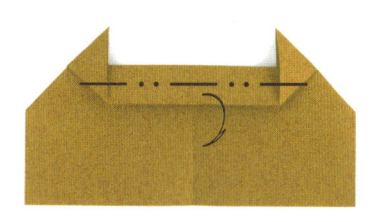

20. すべての層を、写真の山折り線で内側に折りこみます。

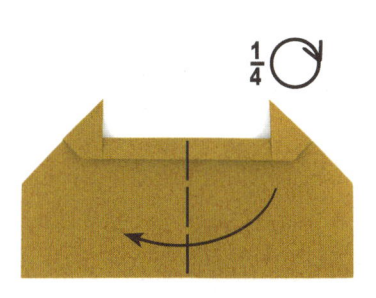

21. 中央の折り目で半分に折り、右に90度回転させます。

22. ステップ21でつけた折り目と平行に、写真の○印の位置で谷折りにします。

23. いちばん上の層を、下から3分の1の位置で横に折り、ウィングレットにします。

24. 裏返して、ステップ22と23の手順で同じように折ります。

25. ステップ21から24までで折った部分をすべて開き、平らにします。

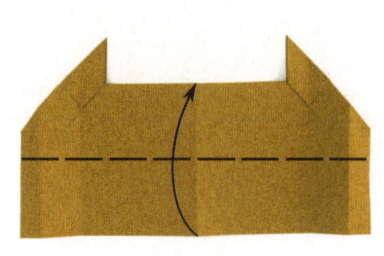

26. 中央縦の折り目が山折りになっている状態で、下のフチを上のフチにそろえて折ります。

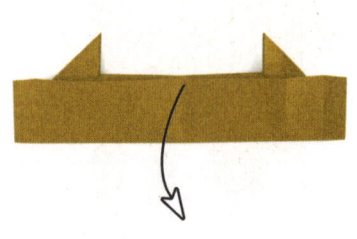

27. ステップ26で折ったところを開きます。

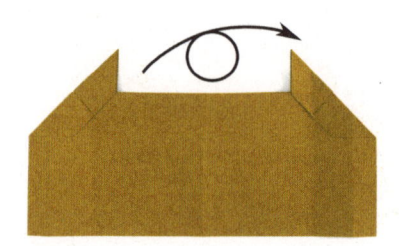

28. 裏返します。

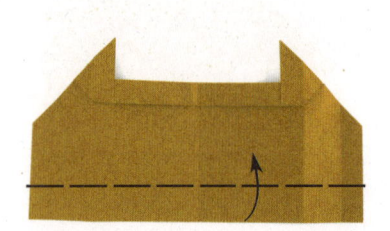

29. 下のフチを、ステップ26でつけた折り目に合わせて折ります。

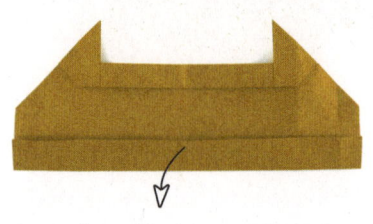

30. ステップ29で折ったところを開きます。

31. 翼の後縁を指でつまんで、上向きの昇降舵をつけます。

32. ウォーク・ディス・レイの完成。ふつうの紙で折ってグライダーとして飛ばしても、それほどよくは飛びませんが、薄い紙で折ればすぐれたフォローフォイルとして、部屋の中で簡単に飛ばすことができます。
グライダーとして飛ばすときは、翼の前縁の中央を指でつまんで、手の甲が飛ぶ先を向くようにして、そっと投げてください。

5

世界記録を出した
飛行機の物語

THE STORY OF
THE WORLD-
RECORD PLANE

私がよく聞かれるのは、どのようにして折り紙飛行機の世界に足をふみ入れたのか、ということです。しかし実をいうと、私は折り紙飛行機の世界から離れなかっただけです。私は40年以上もの間、紙飛行機を折って飛ばしてきましたが、ある日突然、有名人になったのです。そのあたりの話を知りたい方は、後述の「私について」(206ページから)を読んでください。そこには、私が折り紙飛行機と関わってきた歴史が少しだけ書いてあります。さて、ここでお話するのは、飛行距離の世界記録を破ろうと懸命になっていた3年間のできごとです。

　過剰な自信、声援に押された思いあがり。それがすべての始まりです。私は、グーグル、インテュイット、ジェネンテックといった企業のほか、アメリカからシンガポールにわたる学校、図書館、科学博物館などで紙飛行機ショーを披露してきました。

　私は、びっくりするような飛行性能を誇る、膨大な種類の紙飛行機の折り方を知っています。最高の飛行機をたくさん紹介している『グライディング・フライト(The Gliding Flight)』と『ファンタスティック・フライト(Fantastic Flight)』の2冊の本は、私の自信作です。しかし、あることを考え始めました。もしかしたら、私の紙飛行機は世界一なのではないかという誇大妄想です。もし私の飛行機を、世界一の腕を持つ人に投げてもらったら、どうだろうと。

　2009年8月、私はついに導火線に火をつけました。世界記録を破るための、飛行機の投げ手を探し始めたのです。それから半年後には、2人のアメリカンフットボールのクオーターバックに協力してもらえるようになりましたが、そこで私の考えが、とんでもなく無謀であることがわかってきました。臨時雇いの投げ手では、物事がややこしくなってしまうのです。私の想像をはるかに超える彼らの強烈な投げによって、紙飛行機にはものすごいストレスがかかります。紙飛行機は、その猛烈な加速のために半分に裂けてしまいそうになりました。そのため、2、3回投げただけで壊れてしまいます。調整を

🔺 モフェットフィールド飛行場のアレックス・トラベル

🔻 巨大な2番ハンガーの扉は、高さが30メートル以上もある。非常に広い空間なので、この内部には固有の気候がある

🔻 折り紙飛行機を手に持ち、扉の大きさに驚く私

繰り返しながら飛ばすなどということは、ほとんど不可能です。

　それから半年は、紙飛行機の構造的強度を高める工学的作業に専念しました。投げの衝撃に耐えられる折り方は、空気力学と同じぐらい重要なのです。さらに半年経ちましたが、まだ記録を破れるような紙飛行機は完成せず、投げ手も定まらず、飛行機を飛ばす場所も決まっていませんでした。なかなか仕事が進みません。ゴールは銀河の彼方にあるように思われました。

幸運とトラベル

　ついに私は、幸運なめぐり合わせにより、飛行機を飛ばす場所を見つけました。サンフランシスコのテレビ局 KRON-TV でニュースキャスターやレポーターや番組の司会を務めるヘンリー・テネンバウムが、エアーシップ・ベンチャーズという会社を番組で紹介したのです。この会社はサンフランシスコ湾岸地区で飛行船（硬式飛行船）の遊覧飛行を行っていて、モフェットフィー

ルド飛行場（カリフォルニア州サニーベイルとマウンテンビューの中間あたり）から出発します＊。

＊訳注：エアーシップ・ベンチャーズは2012年に営業を終了

　私は、エアーシップ・ベンチャーズのアレックス・トラベルに連絡を取りました。彼はとても親切でした。私を飛行場に招き、その場所を案内してくれたのです。そこは飛行船の格納庫でした。ヒンデンブルク号よりも大きな飛行船を格納するための場所だったのです。言いかえれば、「カンペキ」です。後は、投げ手を探すだけです。

　同僚のバーノン・グレンが、ジョー・アヨーブの連絡先を教えてくれました。そこから、ボールが転がり始めたのです。ここで重要な教訓を学びました。クレイジーな夢は秘密にしないこと。「世界記録を破るぞ」なんて周囲に話せば、それなりのリスクはあります。しかし、失敗したら恥ずかしいなどとおそれず、みんなにいいふらしましょう。人はふつう、大きな目標に向かってがんばる人を応援したいと思うものです。みんなに話しましょう。意外な人が協力者になってくれることもあります。

本当にいいヤツ

　ジョー・アヨーブ。超高額報酬でスポーツ選手の鼻が高くなっているこの時代に、ジョーとの対面はとても新鮮でした。バーノンのスカウト情報によれば、ジョーはカリフォルニア大学在学時代も、アリーナフットボールのプロチームに所属していた時代もクオーターバックとして活躍し、紙飛行機の愛好家だとのこと。物事が不思議なほどに整ってゆくときは、どこかに落とし穴があるもんだと私は警戒していたのですが、それはいらぬ心配でした。彼は体格も立派で、酒を飲んで騒ぐようなことがない。人間関係も良好。現在はサンフランシスコの地ビール「アンカースティーム」の醸造会社（アンカー・ブルーイング・カンパニー）でトップの営業マンになっていて、醸造所の中をよく見学させてくれました。その当時、彼は26歳でしたが、10歳は年上に見えるほど人間的に落ち着いていました。そして私たちには、折り紙飛行機の実験を繰り返していたという、共通する子ども時代の経験がありました。

　2010年7月14日、私たちはモフェットフィールド飛行場の2番格納庫で、初めての飛行練習をしました。その時点で、私は物事がうまくいく予感がしました。私はダート型の改良を続けていたのですが、これはトニー・フレッチが開発した飛行機をベースにしています。トニーは1985年から2003年まで

⬥2012年2月26日、世界記録を樹立したときのジョー・アヨーブ

⬥私のダート。ジョーが人差し指を引っかけるための出っ張りがある。これはジョーの強烈な投げにより、約59.4メートル飛んだ

の記録保持者で、その後はスティーブン・クリーガー（2003年から2012年の記録保持者）に引き継がれました。見たかぎりでは、スティーブンの飛行機もトニーのものによく似ています。スティーブンはその折り方の本を出していないので確かめる方法がないのですが、トニーもスティーブンも弾道戦略を使っていました。抗力をできるだけ小さくして、直進安定性を持たせるために最低限必要な翼を備えたデザインです。

　飛行機は、カボチャ飛ばし競技でも大砲でも最適な打ち上げ角度である45度で投げ上げます。自力で飛べない物体を飛ばすときは、45度が基本なのです。投げるときにくわえた力を最大限にいかして、完璧な放物線を描いて、いちばん遠くまで飛ばせるのがこの角度です。流線型の飛行機を作れば、抗力は小さくなり、遠くまで飛ぶようになります。距離を出したいときの、いちばん単純なやり方です。

　初日、ジョーが投げた記録は約24.7メートルでした。私は、指を引っかけるノッチを作ることにしました。次の挑戦では、ジョーは48メートルを超えました。それから私は、折り目をしっかりつけるために、ロッキングプライヤーを使うようになりました。そして53メートルに到達しました。さらにその後、私は重い鉄板を使って翼全体を平らにのばすようにしました。そして59.4メートルを出しました（トニーの昔の記録58.8メートルを超えたのです）。私たちは、ほんのわずかずつ前進し、ジョーは投げるたびに腕を思いっきり振っていました。試すべきことは、まだいくつかありました。そのころ使っていたのはアメリカ製の紙です。A4サイズの100gsm（g/m²）の紙が手に入らなかったので、26ポンド重 * のレターサイズの紙を使用していました。A4の紙なら重量がおよそ3.5パーセント増えるため、飛行距離を稼ぐためには、

🔶 弾道の基本。大砲を撃つときも、カボチャ飛ばし大会で勝ちたいときも、45度が魔法の打ち上げ角度

かなり有利になります。

　しかし、許容重量よりも3.5パーセント軽いことも、完全にすべてをやりつくしたわけではないことをふまえても、スティーブンの記録を大きく超える目算が立ちませんでした。スティーブンが投げた後にルール変更があり、それまで許されていた9メートルの助走距離が禁止されました。現在は3メートルという、ほんの数歩の距離になってしまいました。これで、63メートルという世界記録に到達できたとしても、大きく超えることは困難になりました。良識ある人なら、ここで撤退していたでしょう。

　このとき、この挑戦を始めたころに私を燃え上がらせてくれた人々の声援が、遠のいてゆくような気がしました。私の最高のダートでも目標は達成できない。投げてもらうたびに、ジョーの腕は疲労していく。最高級の施設と、最高級の腕がありながら、私はなすべきことをなしていない。もうここらでお辞儀をして退場すべきなのでしょうが、それは無理な話。ここまでやったのです。あとたったの4メートル足らずです。夢中になっていた私は、やめることができませんでした。

ひらめき

　あれは2011年1月。私はケン・ブラクバーンと戸田拓夫が紙飛行機を投げる動画を何度も何度も見返していました。飛行機は円を描きながらゆっくりと、28秒近くもかけて降りてきます。驚きの動画です。ぜひググってみてください。そしてだんだんわかり始めました。28秒も飛んでいるということは、距離にして63メートル以上は飛んでいるぞと。そのはずです。単純な算数です。グライダーとの折衷案はどうだろう。強度を高めるために翼面積を少し譲ってもらって、まっすぐ飛べるように胴体を高くする。ジョーの腕力なら、15メートル以上高く投げることができる。飛び始めたら、滑空比は4:1か5:1でいい。翼を強くしなければならない。重心は前の方の低い位置に合わせる。胴体を固くするために、なるべく後方まで折り重ね部分をのばしたい。うん、やればできます。

　ギネスの規定では、紙の重量は100gsm(g/m²)（1平方メートルあたり100グラム）までとなっています。アメリカ式にいえば26.4ポンド重ですが、そんな規格の紙は売っていません。遠くへ飛ばすには、許されるかぎり重くするべきです。空気の分子を押しのけて進むのは、意外に難しいのです。また

ギネスでは、25ミリ幅のセロハンテープを30ミリだけ使っていいことになっています。

　25ミリ幅のセロハンテープって、どこで売ってるのだろう。それは100gsm（g/m²）の紙を売っている場所でした。アメリカではありません。じつをいうと私は、最初の本を出版した1989年から、折り紙飛行機にテープを貼ることには抵抗を感じていました。しかし、テープを省けば、それだけ重量も省かれてしまう。だから私はテープを使うことにしたのです。ギネスの規定では、決められた大きさのテープ（25×30ミリ以内）は自由なサイズや枚数に切って使うことが許されています。最終的に私は、テープを14枚に切って使うことにしました。計算すればわかりますが、これは本当に小さな頼みのテープです。

正しい選択

　12月、まさにクリスマスの直前、アレックス・トラベルが奥さんに頼んで、私のために100gsm（g/m²）のA4の紙を送ってくれました。このころアレックスは、もう何カ月も前から私たちと行動をともにしていました。私たちを関係者リストにくわえてくれて、格納庫に通してくれて、私たちが折り紙飛行機を

飛ばす様子を見守ってくれたのです。彼の尽力と熱意は、私たちにとって必要不可欠のものでした。そのとき彼の奥さんはイギリスにいました。おそらく奥さんは、アレックスが週末に折り紙飛行機に熱中することを喜んでいたに違いありません。悪い遊びに手を出さないだけマシだと思っていたはずです。それはともかく、奥さんは送ってくれました。100gsm（g/m²）のベラム色のレイド紙120枚です。これで世界が永遠に変わりました。

　そうして、それまでの15カ月間を「信じがたい」プロジェクトに切り替えるべく、再スタートを切りました。私はそれまで、A4の紙で飛行機を折ったことがなかったのですが、受けて立つことにしました。そんなに重大なことかって？　たかが紙じゃないかって？　たしかに、繊維で作られた、ただのぺらぺらなやつです。しかし、折り紙飛行機にとって、紙の縦横比が変わることは大問題です。A4は、私がそれまで使っていた紙よりも縦に長いのです。

　私は紙飛行機を折るときに、いちいち長さを測ったりはしません。ひとつ折り目をつければ、それが次の目印になります。なので、ある一部分の小さなものが、別の場所で大きく影響してきます。縦に長い紙で折るということは、私がこれまでに作ったどのグライダーよりも重心がずっと後ろにくる可能性があります。私のデザインは、ほとんどが後ろを重くしてあります。しかし、これが利点であることがわかりました。折り返し部分を少しだけ後ろに伸ばすことで、翼の前方で折り返す回数が増やせるようになり、強度が高めながらバランスが取れます。方針は決まりました。あとは折るだけです。

　私は、「フェニックス」という基本的なデザインからスタートしました。グライダーとダートをかけ合わせたような飛行機で、機尾が高い形をしています。私は、斜め折りで翼の前縁を作りました。これ以上は折り目をつけません。空気力学的にすっきりした形です。ここまでは順調。私は、フェニックスで考案した従来の翼の折り方にこだわりました。翼の山折り線を胴体の角まで持ってくる。これにより、ちょうどいいサイズの翼ができて、背の高い垂直安定板が作れるからです。

　結果として、レターサイズよりも縦に長い紙は、翼の前縁を折る前の折り返し部分が長くとれることがわかりました。この長い折り返しが、胴体をしっかり支持してくれます。新しい紙での最初のトライは、なかなかいいできでした。投げてみました。すごい！　夢のような飛び方をする！　滑空進路に固定されたかのように、まっすぐに飛んでブレません。こんなラッキーなことがあるでしょうか。しかし現実にそうでした。この飛行機を折るということは、世界記録を打ち立てる飛行機を折るということです。そこから1年間、あれこれい

じくりまわしてみましたが、結局は、この8回しか折らない基本のアイデアに戻ってきました。

驚きのスジ

　飛行機を折る前に、私は紙の「スジ」の問題に直面しました。レイド紙は、すいた後、まだ濡れた状態でベルトコンベアーの上に置かれます。つまり「横たわって」います（だからレイド）。そのため、ベルトコンベアーの表面のでこぼこが紙に移って立体的なスジがつくわけです。だからって、この紙を捨てるわけにはいきません。最初は捨てちゃいたいと思ったのですが。このスジによって、ダートは全体に厚みが出ます。グライダーの場合はどんな影響が出るのかと私は想像しました。抗力が増してしまわないか？　とんでもなくダメな紙じゃないのか？

　しかし、その紙で折った最初のグライダーの飛行を見たとき、私の頭の中に小さな火が灯りました。

　あのスジが効いてるのかも。昆虫の翅の翅脈のようなものかもしれない。翅脈はごく小さな空気の渦を生み出します。それが、翅の表面で空気がスムーズに流れる助けとなっています。

　とたんに私は、あの紙のスジが大好きになりました。トラベル夫人、あなたがどこにいようと、紙飛行機野郎は大西洋の反対側で感謝しています。私のクレイジーな夢にも「筋道」がつきました。

◉ A4のレイド紙。新たなる始まり

◉ ジョーと私が新記録の可能性を初めて感じさせてくれた飛行機

摩擦

ボールベアリング

表面の空気の流れ

スジのある紙の表面

しっぽの話

　2011年1月28日、新しい紙で折ったダートをジョーが投げる機会を得ました。パッとしません。分厚い感じで、抗力が増えたぶん、重量増加によるメリットを打ち消してしまっています。問題はまだありました。ダートを使うという考えは、完全に失速しました。

　次にグライダーを試しました。ジョーが最初に投げた飛行機は約40メートル飛びました。いくつか調整をくわえてジョーに返すと、彼はそれを44メートル飛ばしました。私たちは、飛行機の後部がブルブルしていることに気がついていました。ジョーが力を入れると、うなり音が聞こえます。ジョーが50メートルの記録を出したときは、走る車の窓の外にビニール袋を突き出したときのような音がしました。すごいぞ！　大台に乗った感じです。もっとよく飛ぶようにするには、調整や改良の余地がまだ山ほどあります。私たちは、しっぽの音を止める作業を行いました。上反角を変えて試すこともしました。さまざまな投げ方の実験や、調整（操縦翼面の微調節）も、思うぞんぶん行いました。これはもうカボチャ投げ競技ではありません。私たちは飛行ゲームに戻ってきたのです。

　まさにその翌日、地元テレビ局のプロデューサー、ジェイ・ハミルトン＝ロスがやってきました。共通の友人を通して私のインタビューをセッティングしていたのです。でも残念ながら、ジョーは日曜日の練習のために参加できませ

んでした。

　その日は雨でしたが、ジェイとウィットニー・アルブスと私は、格納庫まで飛行場を突っ切って約140メートル、てくてくと歩かなければなりませんでした。古い木造の格納庫は、ところどころ雨漏りがしていました。あちらこちらの地面をたたく水音がします。私は、50歳になろうというこの肩をほぐすために、持ってきたいくつかの古いダートとグライダーを飛ばして見せました。プラスティックのコンテナには、ジェイを驚かせようと、ある1機が入っていました。テープの貼り方を変更して、機尾を固定した飛行機です。

　この新しいグライダーは、初めて投げたときに37メートル近くも飛びました。これまで私が投げたどの飛行機より長い距離です。この飛行機は、単に調整がうまくいったというだけのものではないと、私は感じました。私はそれを手に取り、昇降舵を慎重にほんの少しだけ上げました。それを力いっぱい投げると44メートル飛んだのです！　こりゃ驚いた。私自身の最長飛行距離を6メートルも上まわってしまったではありませんか。しかも飛行機は左にそれて、必要以上に上昇してしまっています。そこで上向きの昇降舵を平らに戻して、ちょっとだけ右向きの方向舵をつけました。私は2歩の助走とともに思いっきり投げました。結果は48メートル！　信じられません！　昨日のジョーの記録にほぼ並んでしまいました。

　ジョーが投げたらどうなるのだろう。私は少し怖くなりました。さらに微調整をくわえて、最後に水たまりに落ちてダメになるまで、数回投げました。これまででいちばんよく飛んだ飛行機がゴミになりました。私の腕はくたくたです。しかしこのとき、世界記録はもらったという強い確信を得ました。

　簡単な計算です。ジョーは何を投げても、私より20メートルは遠くに飛ばします。もし、ジョーがこれを投げたなら、目標ラインを超えられます。私自身のダートの最高記録は、9メートルという大差で書きかえられました。このダートにそれだけの飛行性能があるのなら、ジョーが投げれば目標はクリアです。負けるはずがありません。ともかく、そう考えるのはいいことです。

乱気流を乗り越えろ

　エアーシップ・ベンチャーズの面々は、アレックス・トラベルとともに地方まわりに出かけました。そのため、次に私たちがモフェットフィールド飛行場の格納庫が使えたのは、3カ月後でした。そのころまでに、アレックスは故郷イ

ギリスでの新しい仕事に就いていました。アレックスがいなくなり、私たちはそれ以上格納庫が使えなくなりました。

　紙が残り少なくなり、飛行機を投げる場所もなくなり、最高の飛行機がふびんでならず、私はヤケクソの行動に出ました。NASA に直接メールを出して、NASA の格納庫の正式な使用許可を求めたのです。いちかばちかです。エアーシップ・ベンチャーズは、格納庫を NASA から借り受けていました。はっきりとは聞かされていなかったのですが、アレックスは暗黙の了解で、なんとなく物事をうまく進めるタイプの人間だったのです。ひとたび公式な NASA のレーダーに引っかかれば、それはつまり、公式な話となります。完全にオーケーか、完全にアウトかのどちらかに決められます。

　2011 年 4 月、ついに、NASA のエイムズ研究センター航空管理事務所のスティーブン・J・パターソンという人から返事がきました。そこにはこう書かれていました。「幾多の法律的および政治的な理由により、あなたのプロジェクトに 2 番格納庫をお貸しすることはできません」

　どうも不可解な公式見解です。使用させまいとして、法的な理由をこじつけてきたように聞こえます。地面がすべって危ないとか。でも、「政治的理由」って？　マジか？

　ワシントン D.C. のテレビ局チャンネル 9 でニュース番組のディレクターをしていたヘンリー・テネンバウムは、こうはげましてくれました。「ジョン、キミはわかってないね。まずは、広報に連絡すべきだったんだよ」と。今なら納得できますが、あの当時はよくわかりませんでした。「上院小委員会に出て予算をお願いしなければならない哀れな NASA 職員と、手柄をあげたい上院議員の事務所の人間が、モフェットフィールド飛行場の予算をめぐって細かく詮索してるんだ」とヘンリーは、読んでいたメールを閉じて私に向き直り説明してくれましたが、やっぱりよくわかりませんでした。

　「ジョン、キミはそこに座ってこう聞かれるんだ。『ここに 5,000 ドルの代価で……場所の管理権と使用時間を……、すみません、ここを読み上げてくれますかね。どうも紙飛行機のためと書いてあるように見えるのですが。税金で紙飛行機の援助をするという考えを、有権者が受け入れるものでしょうか』とね」。ヘンリーはお手上げのポーズをとった。

　そうか、ヘンリーが正しいことはすぐにわかった。政治的理由！　上院小委員会のみなさん、お世話様です。お見事です。私から新記録を奪う政治的陰謀は永遠に続くのでしょうか？

メイカーフェアとモハベ

🔵 メイカーフェア・ベイエリア 2010 でレポーターと出展者を務める私

＊訳注：1997年製作のオーストラリア映画

　とはいえ、実際、これまで物事は私に都合のいいように運んでいる。これはたしかに一歩後退だけど、なんとかして別の場所を見つけなければならない。アメリカ政府やその契約者や関係者や提灯持ちの管轄下ではない場所を。くやしいことに、ヤツらはすばらしい格納庫をたくさん持っています。

　5月がやってきました。メイカーフェア（Maker Faire）の季節です。メイカーフェアは、バーニングマンと村の収穫祭がいっしょになったようなイベントです。『ブラック・ロック』＊をファミリー向けにして、これまで見たこともないような最高にイカレた天才的な発明家たちが合流した感じです。初めて開催された年に、ドタキャンした人間がいたので、私はその代わりに参加しました。

　何が見られるのかって？　ドラムのスティックで編み物をしている男がいました。彼は編み物のスティックの動きを使って実際にドラムセットをたたいていました。モーションコントロールのプログラミングに関するめちゃくちゃ深い話と、細かいかぎ針編みをネタにした冗談が腕の長さぐらいの距離で交わされています。3Dプリンターに、子どもを乗せて歩く等身大のキリン、CNCルーター、ラジコン戦艦によるバトル、電動工具のドラッグレース、ロボットウォーズなどなど。至福のクレイジーです。それ以来、私は常連出展者となりました。

　そのメイカーフェアで、ボブ・ウィズローがたまたま私の実演を見に来ていました。正確に言えば、私の演技を見ようと集まってきた群衆のずっと後ろに立っていたのです。人だかりがなくなると、彼は私に近づき、自己紹介しました。

　「どうも、私はボブ・ウィズロー。スケールド・コンポジッツ社の者です」と彼は言いました。この名前はやすやすと聞き逃せません。スケールド・コンポジッツは、この世でもっともカッコいい飛行機をいくつもデザインした会社です。たとえばボイジャーは、バート・ルータンがデザインしたもので、無給油で地球を一周した初めての飛行機だと、私は実演のごとにかならず話しています。バート・ルータンはスケールド・コンポジッツで、抜群にすばらしい飛行機をデザインしてきました。大人になったら世界でいちばん奇抜な飛行機のデザイナーになりたいと夢見る子どもたちは、みなバート・ルータンにあこがれています。

　「あなたに来てもらって、みんなにあなたの紙飛行機を見せてあげたいのです」とボブは言い、手をのばして名刺をくれました。

　「スケールド・コンポジッツに？」と私は気絶しないように注意しながら聞く

🔴 スケールド・コンポジッツのファイヤーバード（有人でも無人でも飛べる調査用飛行機）の前に立つ私とボブ・ウィズロー

🔴 バート・ルータンがデザインしたスケールド・コンポジッツのブーメラン。影を見るとわかるとおり、左右非対称の飛行機

と、彼はただほほえみました。

「先日、ちょっとした気楽な紙飛行機競技をザ・スペースシップ・カンパニーと開いたのですが、負けてしまいました。もう負けたくない」と彼は話してくれました。

よろしい、それなら取り引きだ。スケールド・コンポジッツ社は、観光客を乗せて飛ぶ宇宙船の試作機を設計し、製造し、テストしています。ザ・スペースシップ・カンパニー社がその実際の宇宙船を製造しています。ヴァージン・ギャラクティック（オーナーはリチャード・ブランソン）が宇宙港（宇宙船専用の空港）を運営することになっています。そしてこの男性は、地球上で最高の飛行機メーカーのまさに本拠地であるモハベに私を招待しているのです。「はい、謝礼は施設の見学でけっこうです」と私は答えました。彼はほほえんでうなずきました。

砂漠の日々

ロサンゼルスの北西145キロに位置するモハベの街の宇宙船格納庫で、紙飛行機を投げるようになった経緯はこうです。何度か電子メールを交換したころ、私が世界記録を破るための場所を探していることを話しました。すると、TSC（ザ・スペースシップ・カンパニー）ではちょうど、宇宙船のためのFAITH (Final Assembly, Integration, and Testing Hangar：最終組み立

スザンヌと私。スケールド・コンポジッツ社のロビーにて

FAITHで初めて投げた瞬間

て、統合、テスト用格納庫）が完成したところだとわかりました。モハベを訪れたときに、ぜひそこを見学すべきだと私たちは決めました。

かつては肝っ玉のすわった連中を月まで送っていた組織が、紙飛行機野郎が彼らの格納庫で何度か紙飛行機を飛ばすだけのことに今は危機感をおぼえる、というのは皮肉なもので、ちょっと笑えます。しかし、宇宙観光旅行を進めている民間企業が、私を彼らの格納庫に招き、飛行機を投げさせてくれるとは。まさかそんな……、ホントに？

その夢の国を初めて訪れたのは、2011年6月のことでした。モハベの街はなんというか、ボブの表現がぴったりです。「ほとんどの夫婦のがまんの限界は72時間。彼らが引っ越してきたのがどんな場所なのかを実感して、涙があふれるまでの間です」。最先端の航空宇宙エンジニアと結婚するのは、よいことばかりではないということです。

街の不便な部分は、スケールド・コンポジッツとザ・スペースシップ・カンパニーの画期的なアイデアが補っています。なので、このどちらの会社にも属していない人が、なぜモハベに住んでいるのか、私にはわかりません。

実演はうまくいきました。ザ・スペースシップ・カンパニーのエンジニアたちは、いろいろな種類の飛行機に見いっていました。私は彼らに、『グライディング・フライト』に掲載した「スティンガー」という非常に遠くまで飛ぶデザインを教えました。

ボブは、私のためだけに、スケールド・コンポジッツ社の見学ツアーを行ってくれたのですが、そこには、彼らの驚異の宇宙船「スペースシップツー」と、それを打ち上げるための運搬機「ホワイトナイトツー」が置かれていました。度肝をぬかれました。

そしてついに、航空史に刻まれるべきテスト飛行の時間がきました。私たちは、格納庫に通じる直角にまがる真新しい道を歩きました。格納庫のコンクリートの床は、できたばかりでまだ砂ぼこりがありましたが、それをのぞけば、ここが飛行機の格納庫であることに疑いはありません。照明は頭上11メートルにあり、人の動きを感知してスイッチが入る仕かけになっています。その広大な空間を移動するごとに、リレーのカチッという音が響いて、その付近の照明が灯ります。私は、格納庫の壁と平行に投げる準備をしましたが、格納庫の長さは、実際に記録を破ることを想定した距離よりも、ちょっと短かったのです。本番では対角線上に投げる必要があります。

私はプラスティックのコンテナのフタを取りました。すると、紙がみるみる丸まっていきます。まるで、緑の葉っぱが枯れていく動画を早まわしで見てい

るようです。自分へのメモ：紙を砂漠の空気に順応させてから折ること。まともに飛ばせるまでに、さんざん苦労しました。

　私はなんとか38メートルを飛ばすことができましたが、今回の本来の目的は、この場所のチェックです。いくつかの肝心な場所では、天井高が11メートルしかありません。うまく投げられた場合、もっとも高度が上がるセンター付近では、高さが12〜13メートルに達します。ちょっとやっかいですが、いけそうな気がしました。でも、よい点を並べれば、メーターの針が振り切れるほどあります。とにかく、やるしかない。

初日に67メートル

　ジョーがやっと時間をこしらえて来ることができたのは、7月の中ごろでした。私たちはウォーミングアップの後、何回か投げてみました。ウィットニーもくわわって、飛行距離を測ったり、テープメジャーを伸ばしたり、飛行機を拾い集めてくれたりしました。彼がいてくれると、本当に助かります。ウィットニーがいれば、いろいろなことがスムーズに運びます。

　私は今回の訪問のために、暖炉でがんがん火を焚き、サンルームのドアを開け放ち、できるだけ室温を高めた状態でたくさんの飛行機を折りました。ここは砂漠ではないので、できるだけその環境に近づけようとしたのです。それでも、飛行機がまともに飛べるようになるまでには、たっぷり30分はかかりました。

　ジョーはすぐに調子を上げて、49メートル、52メートル、58メートルの距離を出しました。しかし、私の想定よりもやや高い角度で投げていたので、ちょっとした失速を起こしていました。私は紙飛行機を手に取り、何度か投げてみました。そしてジョーが見守る中で、私は怪物を解き放ったのです。61メートル！　ジョーにはこのように飛ばしてほしかった。彼は飛行機を手にして、湖の水面よりも平らに投げました。0.0度です。飛行機はいい感じに上昇し、やや右に傾き、放物線の頂点をやや越えたあたりで速度を落とし、左にカーブして、まっすぐな滑空コースに戻りました。30メートルをすぎてもまだ延びる。37メートルからいよいよ本調子になり、45メートル、60メートルを通過。最後には、格納庫の反対側の壁の、床から30センチほどの場所にあたりました。

　テープメジャーは67.5メートルまで伸びています。これが、私たちの考え

● テープメジャーはウソをつかない

方が正しいことを実際に証明した最初の飛行になりました。私たちは、古い記録を４メートル以上もぶっちぎったのです。ボブ・ウィズローもそこにいて、ビックリしてうなづいていました。ジョーとウィットニーと私は大笑いをしてはしゃぎました。予想を超えるビッグな１日になりました。新しい飛行機でのジョーの初日の成績には、大いにはげまされました。もうすっかり世界レベルです。

　帰りのドライブはウキウキでした。４時間と半、私はあの瞬間を思い出しつつ、宇宙船の格納庫で世界記録を出す日を夢想していました。しかし、私たちは浅はかでした。この先に何が待ちかまえているかを知りませんでした。誰にも想像がつかないことです。

頼むよ……

　問題その1：最初にもらったA4の紙を、すべて使いはたしてしまいました。私はコンケラーに注文しましたが、送られてきたのはほとんどスジの入っていない紙でした。それから何度もメールのやりとりがあり、最後にはコンケラーの透かしとスジが写った拡大写真を送りました。

　なんと、私の紙は古いタイプだったのです。もう同じものは製造されていません。彼らは倉庫の中やオフィスのすみずみまで探してくれたのですが、残っていませんでした。パーフェクトとは言えないまでも、あれに近い青い紙を彼らは見つけてくれました。使えるだろうか？　そこに望みをかけるしかありません。

　問題その2：紙の順応。私は、次の練習のために、前もって新しい紙の束をモハベに送りました。そうしなければ、1日早く現地に入って飛行機を折る必要があります。現地に到着すると、紙は扇状に広げられていました。私は、1枚ずつ並べるようにお願いしていたのです。扇状にすると、紙の下にすき間ができて、わずかに湾曲してしまいます。紙を乾燥させるにはよい方法ですが、紙飛行機用の紙には適しません。

　問題その3：記録を大幅に超えた投げ方を、再現できませんでした。新しい紙で折った飛行機には、あのブルブルふるえる機尾が戻ってきました。それほどひどくはないものの、あるにはあります。少し構造を変えれば対処できるようですが。私はテープの貼り方を変更して、2本を機尾に使って固定しました。うまくいったのですが、そこへ行くまでに、週末をまるまる使ってしまいました。

きびしい状況

　次に私は、胴体の両側に、前から後ろまで貫く形で下辺と平行な折り目を入れるという構造的な改良をほどこしました。しかし、ジョーが力いっぱいに投げると、それでも機尾がふるえます。さらに、左右非対称な抗力が生じ始めました。もしこの新しい折り目が正確に左右対称になっていなければ、飛行機はコースをそれてしまいます。修正はできますが、それにはさらに抗力を増やさなければなりません。こうした堂々めぐりの作業は、本当にストレスでした。7月は大きな成果もなく通りすぎていきました。そして8月が襲いか

かってきます。8月をすぎれば格納庫に宇宙船が入ってきます。宇宙船が来れば、私たちは追い出されます。

折り重ね

8月の初め、私は翼の下の折り重ねの部分で調整をするという画期的な方法を思いつきました。片方の翼の下に、かすかなすき間を入れるのです。これで、そちらの側の翼の速度をわずかに遅らせるのに必要十分な抗力が得られるはずです。

飛行機が左にまがるときは、右の翼の速度を遅らせてまっすぐに飛ぶようにします。これは、その後の飛行全般にわたり有効に働いてくれました。60メートルを超える飛行は何度かありましたが、目標距離を超えることはできません。しかし私には、試してみたい技がいくつかありました。

🔸胴体に入った折り目に注目。これは、構造強化のための折り目のアイデアのひとつ

あり得ないUターン

この新しい飛行機をひっさげ、8月末に予定しているモハベでの記録更新イベントの2週間前に、私たちは練習を行いました。いつもの顔ぶれがそこにそろっていました。ウィットニー、ボブ・ウィズロー、それにジョーです。本番がフロントガラスの向こうに大きく見えてきました。成功させなければと、

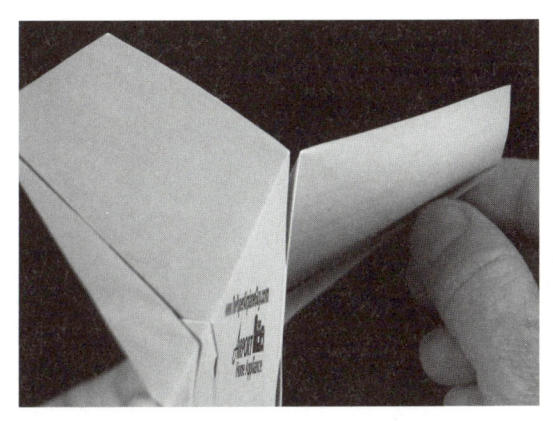

🔸右側の翼の下のすき間を大きくして、右の抗力を高める

🔸右の翼を調整した結果

私たちはプレッシャーを感じていました。

すべての条件がそろっているとき、土壇場に神がかったパフォーマンスが発揮されることがありますが、その日は逆でした。朝から午後にかけて、格納庫で投げる飛行機はどれもUターンしてしまい、15メートル先に墜落しました。足下まで戻ってくるやつもいたのです。

ボブ・ウィズローは、私たちを哀れむような顔で歩きまわっていました。この時点で、私の理論は出つくしていました。そこでボブに意見を求めました。すると彼は、「この小さな翼で起きている事象には、博士論文のネタになる要素が山ほどあるよ」とつぶやきました。そして一呼吸おいて、こう言いました。「翼の後ろへ流れ出る空気は、速度が変わると、出てくる場所が変わるのかもしれない」

なるほど正論です。まさにそれが問題なのです。でも、どうすればいい? それを、どのような機能にして実装すればいいのか？ その答は、何カ月経っても見つかりませんでした。

しかし、ボブの助言の中に、私にも対処できる暗示がひとつだけありました。今よりもさらに、正確に折るよう努めるということです。翼のあらゆる部分が、もう片方の翼の鏡映しでなければなりません。すべての部分が、です。それによって、自分には見えていない部分もふくめて、完成度が高まります。難しい注文です。いや、私は難しいことに挑戦したいと思っていたのではないのか？ そのとおりです。

練習の週末がまたひとつすぎました。私は、めちゃくちゃきびしい基準で飛行機をひとつずつ折りました。そのときは、1機折るのに30分以上かけていました。飛行機を十数機も持って行く必要はないのです。1機は15回ほど投げると使えなくなります。もっと少ないときもあります。うまく折れたものも、まがってしまったり、胴体が折れてしまったり、激しく墜落したり、翼が損傷したりします。そして、また新しい飛行機を折ります。つまり、手を抜くな、ということです。

がんばった結果、かなり安定してきました。3機は60メートルを超えました。その中の1機は62.5メートルを出しています。アドレナリンを放出させて、ちょっと幸運をもらえば、ジョーはもっといけるはずです。私たちにはまだ、あの67.5メートルの記憶が残っています。私たちならやれると、確信しました。

モハベの大失態

○ モハベに集結した家族。左からスーザン・コリンズ、テッド・コリンズ、アドリアナ・コリンズ、オリビア・コリンズ、私、テッド・コリンズ、そしてスザンヌ

　2011年8月29日は、あまりにも早くやってきました。早朝から、なんだかよくわからない機械が組み上げられています。3台のHDカメラがすえられ、測量装置も設置され（60メートルを超えるテープメジャーは伸びるおそれがあるので「較正計測器」としては認められない）、ハイスピードカメラ「ファントム」もありました。ファントムは強い照明を必要とするため、真新しい宇宙船格納庫のブレーカーがしょっちゅう落ちていました。質の高いテレビ番組のための技術面は、なんとか整っています。紙飛行機の面はといえば、一晩、ハンガーにつるしておきました。完璧に空気に順応しているように見えました。翼をまっすぐに保てるよう、ノーズを引っかけてつるそうと考えたのです。それがうまくいったようです。お客さんが到着し、審査員が到着しました。時間が刻々とすぎていきます。

○ マイク・メルビルが格納庫に来るときに使っている自家用機ソープT-18の前に立つ甥のテッドと姪のオリビア

○ 私とマイク・メルビル。飛行機はマイクが作って世界中を乗りまわしているロングイージー

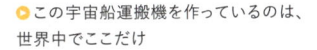

○ この宇宙船運搬機を作っているのは、世界中でここだけ

マッハ2.7でも平気な顔

その8月の記録挑戦の日に審査員を努めてくれた人の中に、マイク・メルビルがいました。民間の出資による世界初の宇宙飛行を行い、アメリカ合衆国から正式に宇宙飛行士として認められた人です。また、民間企業による宇宙飛行を初めて実現したことで、賞金約10億円の「アンサリ・エックスプライズ」（非政府組織による有人宇宙船を誰が最初に宇宙に打ち上げられるかを競うコンテスト）の優勝もさらっています。彼に会ったとき、私は彼の宇宙飛行の際の動画のことが聞きたくて仕方ありませんでした。ググれば、みなさんも見ることができます。宇宙船が切り離されて単独で飛行を開始すると、狂ったようにバレルロールを始めたあの映像です。船内の様子を写した動画もあります。船体が回転しているので、窓からの光が激しく変化するのがわかります。カメラは船体に固定されているので、光だけがぐるぐるとイカレたようにまわって見えます。

マイクは小柄で細身の、じつにテストパイロットらしく、落ち着いた温和な男性です。地上には彼らをいらだたせるようなものは、ひとつもありません。空にもわずかです。

「教えてください」と私はたずねました。「飛行中に何があったのですか？ 推力がかたよったとか？ 操縦桿を倒しちゃったとか？ 何が原因でした？」

マイクは小さなため息をつきました。そして言葉を選んで答えてくれました。「推力に問題があったとは思いません。すべてのテストであのモーターは完璧に動作していましたし、あの日もそうでした。操縦装置にぶつかったわけでもありません。本当です。そう見えますけど」と、彼は肛門科へ行って健康証明書をもらってきた人のようにほほえみました。「尾翼が少し小さすぎたかもしれないと、航空力学のチーフは思っていました。マッハ2.5あたりで、やや不安定になるので気をつけるようにと言われていたのです。たしかに、マッハ2.7で自然に急横転を始め、なんとか止めるまで、合計で29回転しました」

「マッハ3に近い速度であれだけ高速回転をしているのに、ずいぶん落ち着いていましたね」と、私は彼の本音を聞き出そうとしました。

マイクはテストパイロット特有の小さなほほえみを浮かべてこう答えました。「動画をよく見るとわかりますが、私の手は飛行中断のスイッチに伸びかけています。そのとき、あることに気づいたのです。ここでスイッチを切ったら回転はもう止められなくなる。それに、賞も逃してしまう。このまま様子を見る

べきだとね」

　それが、ミスター・メルビルのすべてを物語っています。マッハ 2.7 にも動じない鋼鉄の神経です。音速の 3 倍近い宇宙船の中で正しい決断をくだす。まあ、彼の話しぶりからは、簡単なことのように聞こえますが。

砂漠で干上がる

　2011 年 8 月 29 日は、不名誉な記憶が刻まれる日となりました。この日、私が夢見ていた極上の展開はこうです。自分で世界記録を数十センチ上まわるミラクルな投げを見せる。ジョーが投げるまでのわずかな間、私は世界チャンピオンとなる。そしてジョーが投げ、公認審査員の目の前で記録を破る。数週間前から、私はそんな絵を思い描いていました。個人的な栄光の瞬間に続き、折り紙飛行機飛行距離のゆるぎない新記録を達成するのです。

　私の公式記録は悲惨なものでした。飛行機を格納庫の床に激突させてしまったのです。しかも 15 メートルも横にそれてしまいました。やれやれ。2 回、3 回、4 回と投げて、実質的な記録は 45 メートル程度。コースをはずれたり、失速したり。第 5 投と第 6 投はまっすぐにいって、50 メートル前後の距離が出ました。第 7 投はよし。空気に乗って 55 メートル飛びました。第 8 投と弟

🔸 モハベにつるされた紙飛行機

9投はちょっと短め。いよいよ第10投目となり、最大限の力を振り絞って思いっきり投げました。全力投球です。もう、タンクの中身をすべて使い切る覚悟です。飛行機は激しく右にまがると、なめらかな格納庫の床の上すれすれに、なんと21メートルも飛んでいきました。水を打ったような静寂のあと、お情けの拍手が。私の夢の第1フェーズは、モハベ砂漠のからからの地面の上でくだけ散りました。でも大丈夫、まだジョーがいる。

● 第6投は垂木の上にのっかってしまった

ジョーの最初の2投は、軽々と私のベストに並びました。第3投は大きく左にまがり、格納庫の壁のずっと高いところにぶつかりました。しかし、そこまでいい感じに滑空できていました。まっすぐ飛ぶよう調整できれば、勝利は私たちのものです。第4投は、少し修正されましたが、まだ左に大きくまがります。第5投目は美しかった。61メートル飛びました。高度の頂点でほんの少し失速したことに私は気がつき、少しだけ低い角度で投げるようジョーに伝えました。もうちょっと力を入れて、低い角度で投げるよう心がけて、ジョーは第6投にのぞみました。

第6投は見事でした。パワーも十分。水平にリリースされています。どんどん高度を上げて、かなり順調に見えました……が、それは天井のI型鋼にのってしまうまでの話。これはショックでした。あの飛行機はぴったり調整できていたのに。投げもバッチリだったのに。また最初からやり直しです。

第7投は、たれ下がっていた延長ケーブルに引っかかりました。練習の間もずっとあったのですが、接触したのはこれが初めてです。飛行機は無事なように見えました。飛び方もよかったので、第8投でもこれを使うことにしました。

第8投では、右に大きく旋回しました。さっきの衝突でダメージを受けていたのでしょう。

第9投は58メートル。とてもいい調子です。これでもう少し強く投げて、締めくくりたいところです。

● おだやかに毅然と、美しいフォームで投げるジョー。ヤケクソになってむくれた顔で投げる私

第10投目。すべてはこの一投にかかっています。この飛行機の軌道から考えると、全力で水平に投げるというのがもっとも安全な作戦に思えました。ジョーと私は何度も話し合いました。その結果、天井にぶつからずに十分に性能を発揮させるために、少し機首を下げぎみに投げることに決めました。

ジョーは、翼がふるえるほど、胴体がまがるほどの力をこめて強烈な投げを見せました。飛行機は左に急旋回しました。もう勝ち目はありません。30メートルはたっぷりそれてしまいました。彼の第10投は私の第10投よりはすぐれていましたが、私が思い描いていたものとは違います。暑くて、汗だ

くで、成果のないモハベの挑戦は終わりました。私はジョーの背中をたたき、握手をしました。見に来てくれたすべての人に感謝の言葉を述べようとマイクに歩みよる私の内面は、崩壊寸前でした。気絶してしまうかと思いました。

私の生涯で、もっとも気まずい瞬間でした。およそ150人の観衆が、この1日、飛行機を投げるごとに私といっしょに一喜一憂してくれました。友人や家族には、まったく断腸の思いです。温かい拍手からは、落胆が感じ取れます。しかしそれは、彼らが新記録達成を目撃できなかったことを残念がっているのではありません。私に同情してくれているのです。私が夢をかなえられなかったことを、残念に思ってくれているのです。手に取るように哀れみを感じました。

おわかりのとおり、この日、私たちは世界記録を破ることはできませんでした。そのハイライトはYouTubeでご覧いただけます。「Paper Airplane Guy」で検索してください。私は54.25メートルを投げ、ジョーは最大で60.96メートル飛ばしました。これにより彼は、トニー・フレッチやスティーブン・クリーガーと肩を並べる存在となりました。世界レベルの投げでしたが、世界記録は破れませんでした。

今でも、コリンズ家で論争になっている飛行が2つあります。ひとつは天井の垂木にとどまったまま落ちてこなかった、記録更新の可能性のあったやつです。あのたった1本だけたれ下がっていた延長ケーブルに接触した飛行機も、記録を破っていたはずだと私は確信しています。それを確かめることは、永遠にできません。場所がせまいことは、わかっていました。最大の能力を出さないといけないことも、わかっていました。まったく届きませんでした。最大の能力を出せたとしても、その後マクレランで投げたときのようにはいくはずがなかったのです。マクレランとは、自家用ジェット機のための民間飛行場で、サクラメントの近くにあります。

振り返ってみれば、飛行が全体的に失敗した理由は簡単です。私は、折り紙飛行機の基本中の基本を忘れていました。投げる力が強ければ強いほど、昇降舵を上げる必要があります。空力中心を翼の後方に移動させるのです。昇降舵を上げないのなら、投げる角度を変える。もっと高い角度で投げることが次善の策です。私はそれをしませんでした。ジョーにそうするようにも言いませんでした。取材や撮影の人たちへの対応や、イベントの機械的な細部に追われっぱなしで、この日のいちばん大切な目的に十分に集中できなかったのです。つまり、正しく投げることです。天井にぶつかるかもしれないことをおそれていました。しかし、おそれるよりも、理論を優先させるべきでした。

記録を破るには、落ち着いた場所が向いています。余裕を持たなければ。ふだんどおりに挑んで達成するというのが理想です。いっぱいいっぱいになって、締め切りに追われて、力を出し切りました。やれると思っていましたが、ダメでした。私がいちばん怖かったのは、スポンサーに会うことです。彼らの金を使って失敗したなんて、とても言えません。数千ドルが消えました。誰も見ないであろう高画質な動画以外、何も残せませんでした。どの面を下げて彼らに会えばいいのでしょう？

挑戦をやめたときが本当の失敗

　帰りは長いドライブでした。4時間と半の自責の旅です。チームの仲間、家族、友人を、みんながっかりさせてしまったと悔やんでいました。大変な重圧です。新しい考えも浮かばず、飛行機を投げる場所もなく、疲れました……。本当に疲れました。

　月曜日は、いつだって否応なくめぐってきます。その日は1日、仕事に没頭して現実から目をそらそうと思っていましたが、昼前にはすべてのスポンサーと個別に会わなければなりませんでした。心の準備はまったくできていません。

　私はこのとき、この挑戦の全般を通してもっとも重要な教訓を得ました。それは、失敗はこの世の終わりではない、ということです。ぜんぜん終わりなんかじゃありません。フライズ・コム、エックスオージェット、エアーポート・ホーム・アプライアンス、クラーク・ラッセル、すべてのスポンサーはみな、ひとつの同じことを私に聞きました。「このまま続けますよね？」。企業経営者は視点が違います。挑戦して失敗するのは恥ずかしいことではない。本当に失敗といえるのは、挑戦をやめたときだ。みんながほぼ同じことを言ってくれました。「私たちがついてます。次の挑戦はいつですか？」。胸が熱くなりました。

　8月は、気分がジェットコースターのように変化しました。心臓まひで、突然に弟を亡くしました。その事実をどうしても受け入れることができませんでした。練習と進歩のアップダウン。そして記録更新の失敗。すべてに疲れ果てました。妻のスザンヌは休暇を望んでいました。私はこのところ、ずっと妻をつき合わせてきましたから。

　翌日、フライズ・エレクトロニクスのランディー・フライが、次はどこで飛ばすのかと聞いてきました。新しい格納庫を探しているところだと私は答えました。すると彼はこう言いました。「ひとつあるよ」と。「広さは？」と聞くと、彼

はPDFの間取り図をメールで送ってくれました。その日の午後、間取り図を
よく見ると、懐かしいアドレナリンがわき上がってきました。FAITHよりも天井
が高い。まっすぐに飛ばしても広さに十分な余裕があり、斜めに投げる必要
がありません。場所はサクラメント。モハベまでの半分の距離です。週末を
つぶさなくても、日帰りで練習ができます。これはありがたい！ そんなわけ
で、私は休まずに次のゲームに突入しよう、のんびりしているヒマはない、妻
に相談する必要もない、と自分を説得しました。

飛行機の日々ふたたび

　ランディーは、記録挑戦に協力できると大いに喜んでくれました。ラン
ディー・フライの格納庫は、閉鎖されたマクレラン空軍基地跡にありました。
　マクレランは、前にも書きましたが、今は自家用ジェット機のための民間飛
行場になっています。航空会社の大型機の離発着がないため、とても静かで
す。2011年の9月から12月まで、私とジョーは、ほぼ毎週末ごとに、そこで
練習を行いました。ジョーと私は、モハベで撮影した超高速度映像を解析し
ました。ジョーは投げ方を修正し、私は最大の問題点であった翼の振動に取
り組むことにしました。
　モハベの映像を見れば明らかです。ジョーが力を入れれば入れるほど、
振動が激しくなります。それはとくに翼の後縁に見られます。投げた瞬間に、
ジョーが上乗せしたスピードが打ち消されてしまっていたのです。これでは
60メートルが越えられないわけです。この問題を修正しないかぎり、61メー
トルの再現は不可能です。
　あのときの投げが、私たちのわだかまりとなりました。なぜあれが実現で
きたのか、よくわからないのです。スピードが完璧だったからか？ ほんの少
し広くした翼によって、ほんの少しロールしたからか？ 翼の不完全な要素
が見事に連携した結果だったのか？ どんな魔法が働いたにせよ、解明でき
ませんでした。
　練習のたびごとに、私たちはモハベのデザインをもとに、さまざまなアイデ
アを試しました。9月、10月、11月は、ほぼ60メートル止まりでした。ひどい
ときは、52メートルや、49メートルまで距離が縮むこともありました。慎重
に、じっくり考える作業です。私たちには、実験する時間が必要でした。
　週末はいつも、奇抜な新しいアイデアで記録の壁を越えられるかもしれな

いという大きな期待で始まりました。しかし、進歩が見られると、それにともなって新たな問題も浮上します。週末の最後は、失敗の原因を解析し、飛行機の改良計画を立てることで締めくくられます。

いつまでジョーがつき合ってくれるのか、私は心配していました。しかし、それは余計でした。彼は休まず練習に現れ、新しい方法を積極的に試してくれます。私の理論上の説明を熱心に聞き、親指はこのように、ひじはもう少し下げて、全体を通してなめらかに加速する、といった投げ方の改善策を黙って実践します。彼は紙飛行機が大好きなのです。練習が終わった後も、ダメになった飛行機を投げています。そう、遊びでね。

抗力と空気の振動

この時点で、スザンヌが私にやめてくれと言い始めました。練習の成果がさんざんであることから、私が大勢の友人をマクレランに招いて、またあの無様な姿をさらすものと心配していたのです。私だって、友だちをがっかりさせるのはつらい。私は、準備ができないかぎり公式の挑戦はしないからと、妻を説得しました。

準備なんて、ぜんぜんできていませんでした。正直な話、ここで休んだらスポンサーの興味が遠のいてしまわないかと、ヒヤヒヤしていました。たぶん、勝手な憶測ですが。ついにスザンヌに言われました。「また、みんなをあれにまきこむんじゃないかと心配なの。もうやめて」と。「やめろって、あのパニクったこと?」と私は聞きました。妻はうなずきました。そしてちょっと間を置いて言いました。「あれは見るにたえないわ。本当に確実になるまで、やらないでちょうだい」

12月、とうとう私は、紙に問題があるのではないかと思うようになりました。あのスジに関する持論は、私にとってほとんど真実になっていました。でも、ジョーにとっても真実なのか? このサイズの翼の上での空気の流れについては、まだよくわかっていません。私の記録のうちの9メートルは、本来ジョーの記録に上乗せされるはずのものだったのでは? もしかしたら、あのスジが高速飛行時の振動を生んでいるのかも。

アイデアを平らにする

私は紙のメーカーであるコンケラーにメールを出し、いちばん固くて、いちばんなめらかな100gsm (g/m²) のA4の紙を注文しました。すべてを白紙に戻して、最初からやり直すのです。

コンケラーは、私と同じぐらい記録の更新に熱心だったといえます。いつもちょうどいいタイミングで紙を送ってくれました。送料は取らず、サンプルもくれました。しかも、紙の品ぞろえがじつに豊富なのです。彼らは8種類の紙のサンプルを送ってくれました。私は、その中から気に入った2種類を選び、それぞれ2機ずつ飛行機を折り、レイド紙でも2機折りました。まったくふつうのやつです。モハベのデザインそっくりそのままです。

そしてわかってきたのですが、なめらかな紙の場合、ときどき翼の後ろの3分の1がいい感じに湾曲するのです。またいくつかのモデルでは、上反角に、どこか自然な変化がくわわりました。翼の折り重ね部分が終わるあたりで変わるのです。これは、ふつうに折るだけで生じるのですが、それを強く出させることは可能なはずです。おもしろい。おぼえておこう。

そこから私は、上反角の最適化についてふたたび考えるようになりました。これまでの研究結果のおさらいです。上反角に関しては、じつに興味深い見解があります。「飛行中に上反角が変えられる飛行機が作れたら、もうこっちのもんだ」

高速で投げ出すフェーズでは、上反角は小さいほうが有利です。小さな上反角、イコール、小さな抗力です。速度が落ちて滑空フェーズに入ったときは、針路がまっすぐになりバランスが保たれる大きな上反角が有利になります。その差はわずか5度です。しかし、上反角を変化させるメカニズムや動力を持たない飛行機の場合、どうすればいいのでしょう？　紙以外は使えません。それが決まりです。

突然、私はボブ・ウィズローの言葉を思い出しました。飛行機の速度が変わると、空気が翼を離れる場所が変わる。私は、1機の飛行機の自然に湾曲した翼を見つめました。ノーズの上反角は平らにして、翼端にかけて傾斜させてやればいいだけの話です。傾斜は、最初から機尾に向かってゆるやかになっている。投げたときは、空気はノーズにとどまる。速度が落ちたら空気だまりはずっと後ろに移動する。理論的には、上反角は飛行中に変化するはず。「落ち着け」と私は自分に言い聞かせました。「そんなに簡単じゃないぞ」と。

あれは12月の最後の練習の日でした。気温は摂氏10度。ジョーは、いつ

もの頼りになるモハベのデザインを投げました。60メートルに手が届く59.4メートルという、なかなかの距離です。

　練習時間が終わるころ、ジョーの肩はいい具合にあたたまっていました。そこで私は、なめらかな紙で折った飛行機を渡しました。その瞬間、それは彼の手になじんだようです。「しっかりしてるね。気に入った」とジョーは言いました。

　初っぱなで61.9メートル飛びました。こんなことは初めてです。2回目は62.5メートル。私はその飛行機を入念に調べました。スジの入った紙でははっきりわからなかったのですが、なめらかな紙ではテープの縁がよく見えます。つまり、そこをなめらかにすれば、もっと抗力を減らせるということです。私も数回投げてみました。私のベストは42.7メートル。私の飛行距離は紙のスジとともに消えました。しかし、ジョーは何度投げても60メートルを切ることがありません。

　その飛行機は、高く投げたときに格納庫の大きなドアの上や屋根の垂木に引っかかって回収できなくなりましたが、私たちはお互いに「あれはよかった、すごくいい」と認め合うことができました。

2012年は衝突から始まった（反対側の壁にね）

　私は数日をかけて、ふたたび紙のサンプルをいろいろ試し、どの方向にもしっかりとした強度のあるものを探しました。また、上反角のテクニックもみがきこんでいきました。ノーズは平らで、両翼端に向かって次第に角度がつ

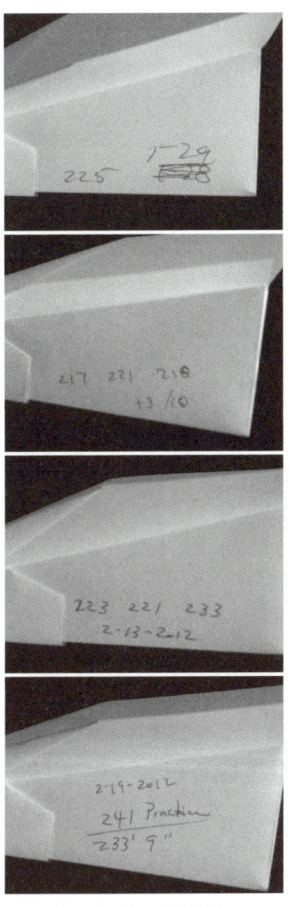
●2012年のよく飛んだ飛行機

く。それを機尾に向かってふたたびゆるやかにしてやる。私はサンプルから選んだ数枚で飛行機を折り、2番目にいい紙で予備の飛行機を折りました。

気温は摂氏12度弱。空気はかなり乾燥しています。第1号機はとてもよく飛びました。いきなり60メートル近い距離を出しました。4回目か5回目あたりで、それは格納庫の大きな扉の高いところに落ちて、半永久的に突起の上に居着いてしまいました。もしまっすぐに飛んでいたら、ものすごい飛距離になっていたはずです。

もうひとつのプラスティックのコンテナから、別の飛行機を取り出し、何度か投げて、本番と同じ10回連続の投げに備えました。私たちは、その年の練習はすべて本番と同じようにやろうと決めていたのです。練習のためには、10回投げるという公式の条件のもとで分析する必要があるからです。第2号機は第1投で70.8メートル飛行し、反対側の壁の床から30センチのところにぶつかりました。ジョーがびっくりして声を上げているところが、動画に撮影されています。これも、私のYouTubeチャンネル「The Paper Airplane Guy」で見られます。

その日は、10回投げたうちの3回は世界記録を上まわりました。幸先のいい新年の始まりです。

世界記録を達成した2012年2月26日までの間、私たちは5回の練習を行いました。それぞれの回で、世界記録を6メートル以上上まわる記録を出しています。そして最高の記録は、世界記録の日の1週間前に出ました。驚愕の73メートルです。

2回目の記録挑戦の日がきます。私たちに必要なものは、ふだんの練習どおりの状態だけです。

疑念が消えた

ジョーへの指導は、精密な砲撃手への指示のようになることがあります。ジョーは、私がねらったとおりの場所に正確に投げてくれます。「あの消火器から髪の毛1本分ぐらい左、あの白いレールにそって水平に」といった具合に私は指示します。ジョーはそれを受けて、一貫して完璧に、熱心に投げます。今回はもうまちがいありません。スザンヌからは「テンパらないでね」と警告を受けました。あの砂漠でのできごとは、まだ私の心に鮮明に残っています。しかし今は、準備ができています。

この新しい翼形状は、新しい調整方法も生み出しました。このころには、投げ出した瞬間にコースをそれる場合、飛行機の機首に調整をくわえるようになっていました。速度が落ちてからまがるときは、機尾を調整します。

　その中間の速度のときは、たいていはそのまま自由に飛ばします。ときどきは、バランスを取るために翼端をまげることもあります。今、私は、飛行機の調整は動的な作業だと思っています。問題に対処することにくわえて、飛行機の速度に応じて行う必要があるからです。

　私は、A4の紙で最初に折ったオリジナルのモデルに戻していました。折り目が8つちょうどのやつです。でも、テープの貼り方や、上反角の仕組みや、そのほかの細かい部分は、以前ほど単純ではありません。今私は、飛行機を折る前に紙を「検品」しています。紙を白熱灯にかざして、紙の中の不具合をチェックするのです。紙には、表面からは見えない傷があったりするからです。また、紙を温めて少し乾燥させ、自然にまがる方向を確かめています。そうすることで、翼の湾曲の働きを最大限に引き出せるのです。

　自宅の地下倉庫は、研究所に改造しました。うちでは冗談で「ペーパー・エアプレーン・ガイ国際本部」と呼んでいます。暖房を使って、室温は24時間、摂氏25.5度に保っています。紙は常に同じ温度、同じ湿度で保管されていま

🔸 ワインドアップするジョー

🔸 つま先の位置に注目。ジョーは常に正確に足をふみ出す

🔸 私たちの飛行機が横断するはずの距離。壁から壁までで68.5メートル

す。この部屋に入れるのは私だけです。神経質すぎるって？　私は記録を破りたいのです。そのためにできることなら、なんでもやります。もう少しなのです。あと1日だけ、調子のいい日があればいいのです。実際、いつもの練習の日と同じならいい。そこに集中していたかったのです。

🔺マクレラン空軍基地跡に集まった観客

2012 年 2 月 26 日
世界記録樹立の日

　友人と家族が集まってきました。今回は、カメラとメディアの対応は、すべてウィットニー・アルベスに一任しました。投げる前には取材は受けない。ひとつだけ心に決めていたことがあります。いつもの練習の日と同じにやる、ということです。そのために、私たちは急がないことにしました。適切な飛行機を選び、適切な調整を行い、60メートルを超えるまで待ち、そこから本番に挑む。そう計画しました。

🔶練習用の飛行機。この中の1機が本番前の練習で宙返りをして世界記録を破った。まぐれだったけれど、みんなは大喜びしてくれた

　午前9時45分、パトリオット・ジェット・チームの塗装をほどこした2機のL-39が祝賀飛行を披露し、飛行機雲を残していきました。輝かしい1日の始まりです。

　滞空時間で4回も世界チャンピオンになったケン・ブラックバーンが、今回の審査員を務めてくれることになりました。そのほかの審査員のなかには、現在の飛行距離記録保持者スティーブン・クリーガーもいます。今日は絶対に、彼の記録を更新してやろうと思いました。スティーブンが認めれば、ギネスだって認めないわけにはいかないでしょう。

　その週の練習で使った飛行機が、山ほど残っていました。このイベントまでの1週間を撮影するという地元テレビ局のために、何度も投げていたので、古すぎて記録挑戦には使えない飛行機がたくさんあったのです。

　そんな中の1機を飛ばしてみると、大きく12メートル以上の宙返りをして、そのまま滑空、格納庫の床の、光るロープで示された世界記録のラインを通過しました。それを見たサル・グリンがライトを点滅させると、私を信じて集まってくれた人たちも、それを認めて驚きの歓声を上げました。ヘンリーとビッキは、これはまだ練習なのだとみなに言い聞かせました。これでステージは完璧に整いました。

　これで、飛行機が記録を更新したときにどうなるかを、全員が理解できました。ジョーと私はいっしょに笑いました。あれは世界で初めてのこと。誰も

私が調整する様子を見つめるジョー

ヘンリー・テネンバウム。両方のイベントで司会とカメラマンを務めてくれた

見たことがない光景でした。宙返りをして世界記録に近づいた飛行機なんて、これまでありません。私たちですら、あんなものを見るとは思ってもいませんでした。

さらにもう1回、練習用飛行機が世界記録を超えたので、ジョーに本番を始めさせる決意ができました。第1投は、ずっと手前で着陸しました。ケン・ブラックバーンは世界記録のラインに陣取り、着陸地点を正確に見極めようとしていました。スティーブンはスタートラインに陣取り、助走エリアで違反がないかを見張っています。

第2投は、記録のラインにずいぶん近づきました。第3投は左に大きくそれました。この日は練習でも左にそれることが多く、センターライン上を飛ぶように調整していました。原因は、誰かが格納庫の裏のドアを開けっぱなしにしていたため、空気が左に向かってかすかに移動し、ドアから外に流れ出ていたためだとわかりました。比類なきヘアスタイリストのクラーク・ラッセルが、目に見えない風が髪の毛にあたるのを感じて、関係者に伝言させたのだと話しています。本番を再開する前に、ジャック・シーフリーがドアを閉めてくれたのだと私は思っています。

それから何回か練習を行いました。ひとつは世界記録のラインを越えています。第9投や第10投が生きるか死ぬかの状況になるのは、どうしても避けるべきです。本当です。それをやると死にます。私は飛行機を拾い上げ、まがったノーズを直し、この飛行機に合わせて昇降舵を少し上向きに調整しました。ジョーのところへ歩いて行ってそれを手渡し、うなづきました。「第4投、いこう」

私たちは、投げた瞬間に左にまがってしまうこれまでのクセを打ち消すために、右にまがるよう調整しようとしていました。すると、速度が落ちたときに右に流れる傾向が出てきたので、左向きの方向舵が必要になりました。

もし、同じ問題を抱える飛行機の調整方法を6カ月前に聞かれたら、私はまちがった答を返していたでしょう。おそらく、右向き方向舵をつけて、左翼の下の折り重ね部分を引き下げています。ぜんぜんダメです。それはUターンをさせたいときの方法です！

ジョーが決めてくれました。ほんのわずかに　　れています。私はすぐに、これは延びると思い　かると、投げた直後に右によっていたコースが、逆に傾こうとすると、思ったとおり、ちょうどいい

記録が破られる。でも、どれくらい？　観客も感

を聞くと、飛行機が世界記録のラインに近づくほどに声援が高まるのがわかります。サルが光るロープを点滅させると、一気に歓声があがりました。飛行機が着地するまで、私は叫ぶのをこらえていました。うまく着地してくれと言葉で祈った後、私は息を止めました。本当に終わるまで、終わりではありません。飛行機が着地する前に何かに接触したら、そこで飛行終了と見なされます。

ついに、飛行機は静かに世界記録のラインを越えると、さらに5.94メートル飛んで、格納庫の床にそっと着地し、すべって止まりました。ロープは点滅し、観客は大歓声をあげています。ジョーは私の手を取って振りまわしました。そこらじゅうで大騒ぎです。背中をたたかれ、握手を迫られるなかで、紙吹雪のキャノン砲が炸裂しました。

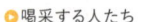
喝采する人たち

アントン・ワネンバーグが撮影した、飛行機が世界記録の線を通過するところ。ブレてはいるけれど、これがその瞬間。どこでラインを越えたか、想像してみてください

左から、ビッキ・リピアキス、ランディー・フライ、クラーク・ラッセル、私、ジョー・アヨーブ。L-39の前にて

ケン・ブラックバーンは、公式な記録としてマークをつけた場所を撮影しました。私は妻の姿を見つけると、彼女に抱きつき、ぐるぐると振りまわしました。

　もちろん、残りの6回も投げました。ひとつは13メートルの高さにある照明の上にのってしまいました。こんなことは初めてです。ひとつは上昇中に照明にぶつかりました。これは前にも1回だけありました。そのほかは、ちょっと距離がたりませんでした。

　しかし、気にしません。私たちは勝ったのです。ついにやったのです。結婚式の日、息子が生まれた日、そして世界記録を樹立した日。これが私の人生の最高の三大記念日です。23年前、最初の本を出版してからこの瞬間まで、なんとも長く、驚きに満ちた旅でした。

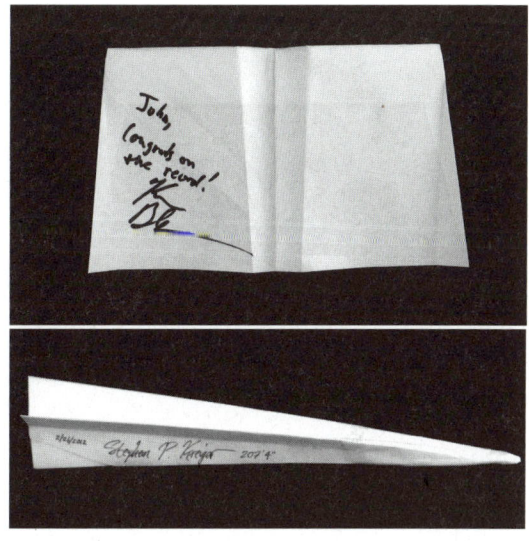

🛩 この日のおみやげ。滞空時間で4回も世界チャンピオンになったケン・ブラックバーンが飛行機を折ってサインを入れて私にくれた。負けてはならぬと、スティーブン・クリーガーも世界記録を出した飛行機を折り、サインを入れてくれた。この世界一の2人が、私の記録更新に立ち会ってくれたのだ。これ以上にうれしいことはない

私について

まずは、ちょっとした経歴から。

私は1960年、その3年後には忘れもしないジョン・F・ケネディが暗殺される11月22日に、カリフォルニア州ユリーカで生まれました。私にはきっちり2年と364日間だけ、誕生日というものがありましたが、それ以降は、その日は国をあげて喪に服する日となりました。

幼稚園の先生は、私が休み時間と三輪車に乗るのが好きだと記録しています。私のもっとも古い「永久保存記録」に特筆すべき業績は、それだけだったようです。

小学校3年生のある時期、私は生まれて初めて紙飛行機を折りました。クラシックなダートです。たくさん折りました。このときすでに論争がありました。兄のテッドは、まず紙を半分に折り、折ったままにしておいて、2つのカドを下に折り、さらに2回、同じ方向に折ります。母のやり方は少し違っていました。まず縦半分に折ってから開き、その折り目に合わせて両方のカドを折ります。カドは、中央の折り目の外側ではなく、内側に入ります。

仕上がった飛行機の翼の上面はなめらかではありませんが、私は母の折り方のほうが、兄のものよりすぐれていることに気づきました。飛行中に開いてしまう箇所が少ないからです。兄は自分の折り方を売りこみましたが、私の票は得られませんでした。それで兄は気分を害し、私はつけあがりました。

4年生のとき、母は、紙風船の基本形と呼ばれる折り紙の手法を使った飛行機を見せてくれました。私たちは、それが紙風船の基本形だなどと知っていたわけではありません。私がそうと知ったのは、数十年後のことです。母がなぜあの折り方を知っていたのかは、いまだに謎です。母にはヒマを持てあましていた青春時代があった

△母のデザイン。紙風船の基本形から作る古典的なノーズに重量を置く方式

のでしょうか？

同じ年、兄は、母の飛行機から重量を生み出す初歩的な仕組みを拝借して、紙の帯をそのまま残し（しっぽとして使われていました）、階段状の翼の折り方を採り入れた飛行機を作りました。そのデザインは、あらゆる面ですぐれていました。これは、チャフィン通りを初めて横断した飛行機となり、電柱の2倍の高さまで上昇して、完全に視界から消えるまで飛んでいきました。私は筆舌につくしがたい嫉妬を覚えました。私は、兄に負けまいと、すぐにその折り方の研究を始めました。そして2週間後、兄とまったく同じ飛行を実現させたのです。

紙飛行機戦争が始まりました。少なくとも、私はそう思っていました。しかしその後すぐに、兄の興味は、通りの角に越してきた女の子の様子をうかがうことにすっかりうばわれてしまいました。こいつはしめたものだと、私は思いました。

1カ月後、私は、紙に2カ所の小さな切れこみを入れた、沈め折りの変なバリエーションを開発しました。これ

により、翼の上面と下面の折り重ね部分が対称形になります。なんとか居間を横断できる程度に飛んだので、外に出て、徹底的にテストしようと考えました。

4回目に飛ばしたとき、それは格好の突風に乗って高く上昇し、道を横断しました。円を描きながら、野原の手前に張られた電線をみるみる越えてゆきます。さらに上昇し、文明の境界線であるトウヒの並木に向かってゆっくり飛んでいきました。それは円を描いて上昇を続け、視界から消えました。大感動です！ 胸の中で心臓が激しく高鳴りました。ノドにかたまりがつかえた感じがしました。

そして突然、喜びの反動が全身に走りました。あれは試作機だ！ 私はあわてて家に戻ると、必死になってあの折り方を思い出そうとしました。そのとき、作品を記録することの大切さを知ったのです。

5年生のとき、臨時教師が図工の時間を楽にすませようと、折り紙の本を持ってきました。それは1970年、カリフォルニア州ハンボルト郡でのことです。半径400キロメートル以内に折り紙なんてものは存在しませんでした。この教師は、おそらく夜遅くまでかけて、レターサイズの色紙を正方形に切ってくれたのでしょう。このころ、すでに折り紙飛行機の経験を積んでいた私は、その不正確な正方形の紙を見て、子どもだましかと思いました。斜めに折ればすぐにわかります。正方形でない紙が何枚もあることを指摘すると、先生は自らのおろかさを認めました。

大勢の小学5年生に「簡単な」折り紙（折り鶴）を教えようと試みた先生は、それから一生、紙を折らなかったことと想像します。休み時間、先生はその折り紙の本を工作机の上に置いていきました。それを手に取った私は、まったく新しい世界に入ることになったのです。自分で発明したと思っていたいくつもの折り方は、何千年とはいかないまでも、何百年も前から存在していて、もっとずっとよくできていました。それが、両親に買ってくれとせがんだ最初の本になりました。

私は、自分で考案した紙飛行機の本を書きたいと夢見るようになりました。すでに、オリジナルのデザインが、靴の箱ひとつぶんありました。そんな私を何が止め

られましょうか？

8年生のとき、CBSの朝のニュース番組のなかの子ども向けコーナーで、クライン＝フォグルマン（KF）翼型が大々的に取り上げられ、クリストファー・グレンのナレーションが、この失速しない驚きの翼を紹介しました。これはそもそも、紙飛行機のためにデザインされた翼型です。その紙飛行機の翼の裏側は、階段状の不連続な形になっています。この翼の裏の段々の形状には、思わぬ利点があったのです。やれやれ、こんなところに強力なライバルがいたとは。『GREAT INTERNATIONAL PAPER AIRPLANE BOOK』の最初の本が出版され、私はそこに掲載されていたすべてのデザインを熱心に研究しました。ところが、です。これが私のハードルを上げてしまいました。こうした趣味に本気で取り組もうとすれば、人は真剣に研究するものです。私は真剣だったか？ そんなことが可能だったのか？ もっとたくさん折ってテストするべきだったことは明白です。

高校時代、紙飛行機は水面下にもぐりました。紙飛行機なんて、かっこ悪いからです。フットボールの試合中に骨を折ることのほかに、かっこいいことは私には思いつきませんでした。でも、骨を折りたいなんては思わなかったけれど。

現在、私には仕事があり、妻がいて息子がいて、その他の趣味もあります。でももちろん、紙飛行機を折ることは大切な習慣になっています。この執着のおかげで、私は、オーストリア、シンガポール、バリ、ニューヨーク、シカゴ、ポートランド、オレゴン、セントルイス、ニュー

ジャージー、スポーケン、シアトル、そしてサンフランシスコ湾岸のいくつもの街に、ただ紙飛行機を飛ばすためだけに旅行ができました（経費はすべて先方持ち）。

サンフランシスコ湾岸地区を一歩も離れることなく、インテュイット、グーグル、ジェネンテック、エックスオージェットといった企業で実演ができる幸運にも恵まれました。メイカーフェア・ベイエリアとヒラー航空博物館では、定期的にショーを行っています。サンフランシスコの湾岸地区を訪れたなら、ぜひ公演日程をチェックしてください。

私の今の仕事は、パターセンディーン・ルーフィング＆ソーラー社の一部門であるPD TVの、エグゼクティブプロデューサー兼クリエイティブディレクターです。そこで私は、コマーシャルと、『Saving Green with Petersen Dean（パターセンディーンで緑を救おう）』というテレビ番組を制作しています。それ以前は、テレビ局で司会として画面に出たり、声優をやっていました。またそこでは、コマーシャルやテレビショッピング番組の制作、監督、脚本も手がけていました。コマーシャルの仕事に移る前は、20年以上も生放送のニュース番組のディレクターを務めつつ、ときどきニュース番組制作の指導もしていました。

私はウィンドサーフィンが大好きです。風の吹く季節は、週末になるとたいてい、サンフランシスコの北に位置するラークスパーのフェリー港で水を切って遊んでいます。ときどき、ゴールデンゲート・ブリッジの近くで狂ったようにウィンドサーフィンをしている連中に混じっていることもあります。空気力学を、肌でひしひしと感じながら学びたい人には、ウィンドサーフィンがぜひおすすめです。モンスターのような一陣の突風にあおられて頭から海に放り出されたときには、速度が2倍になれば力は4倍になるという概念を痛感できます。無上の喜びです！

ちょっと控えめなブーメランのコレクションもあります。ブーメランの物理学にも興味を抱いたのです。揚力、すりこぎ運動、遠心力などなど。なんてスポーツでしょう。ちなみに、ブーメランには右利き用と左利き用とがあるんですよ。まちがって注文するまで、知りませんでした。

よく考えてみれば、なるほど納得です。

妻のスザンヌとスイングダンスを踊るのも大好きです。うまくはありませんが、挑戦することをとっても楽しんでいます。

もうひとつ、空気力学とは関係のない唯一の趣味として、折り紙があります。折り紙飛行機に直接応用できるものですが、それは純粋なアートであり、美そのものなのです。この趣味が何の役に立つかはわかりません。ただ言えるのは、紙を折ることに長い時間を費やせば、それが人生の別のことを達成する力になるということです。少なくとも、忍耐力が身につきます。

学校では数学と科学が大好きで、大学時代は一般教養を学んでいました。私の最大の目標は、知識を追い求める情熱を抱き続けることです。世界は驚きに満ちています。日常的な物事の仕組みを解明するごとに、さらに驚きは増します。飛行、重力、光などは、まだまったくの神秘として、正体を暴かれることを待ち望んでいます。私たちは、それらを利用する方法をよく知っていますが、その本質はなかなかつかまえることができません。私の助言ですか？　おもしろいものはみんな正体が暴かれているよ、などと誰かに言われたら、そんな人たちとは今すぐ縁を切って、もっといいお友だちを見つけましょう。閉ざされた心で自然の神秘を解き明かそうとしても、不可能です。

「定説化された科学」では、とうてい解き明かせません。もうすぐ何かが証明されるという段になると、科学はいつもふらりと身をかわします。一部の人は、それを不愉快に思うようです。私に言わせれば、それはウィンドサーフィンと同じです。風や潮の流れや波を人が操ることはできません。どうにかこうにか私にできるのは、それらのめちゃくちゃな力のなかでバランスを取りながら、続けられるかぎり、その楽しみにしがみつくことです。いい理論とは、ボードにうまく乗れたときのようなものです。とっても気持ちがよくて、たぶん次にはもっといい波がきます。

謝辞

私のスポンサー、フライズ・コム、エックスオージェト、パターセンディーン・ルーフィング＆ソーラー、クラーク・ラッセル・サロン、エアーポート・ホーム・アプライアンスに、寛大なるサポートを感謝します。とくに……。

ランディー・フライ。格納庫と、パトリオット・ジェット・チームと、あの挑戦の日のピザを用意してくれて、全体を通して根気強く支えてくれた。

スティーブン・ランブライト。これはいいアイデアだとエックスオージェトを説得してくれた。

ジム・パターセンは、進んで援助してくれた。キース・ナッシュは、わざわざ写真を撮りに来てくれた。

クラーク・ラッセル。ただただ楽しくしてくれた。

ポール・メイヤー。質問も終わらないうちに「イエス」とスポンサーになることを決断してくれた。アリシア・アウズリーは、シャツを確実に準備してくれた（2回も！）。

このドラマの主要人物のみなさんへ

ボブ・マクドナルド。オマーンのサルタンの話などを聞かせてくれた。

ジャック・スキフリー。格納庫で紙飛行機が飛ばせるように、大きいのやら小さいのやらジェット機を移動してくれた。

アート・タケシタ。つねに適切なツールを持っていて、適切な撮影をしてくれた。

ディーン・ケンドリック。カードやカメラをかき集めて、マクレランで決定的なセンターカメラの映像を撮ってくれた。

リコ・コロナ。ぴったりの機材をそろえてくれて、その扱いに精通していた。

ジョン・チャター。超高速度映像の作業で、こちらが求める以上の仕事をしてくれた。

ジョン・フォンタナ。ライトとスモークマシンを専門とするライトな男。

ホイットニー・アルプス。無限のエネルギーですべてを最高に楽しくしてくれた。撮影、編集から、光るロープの調達など、彼がいなかったら実現していなかった。

サル・グリン。私の最初の本の編集者で長年の友。

ジャン・アドキンス。本書ですばらしいイラストを描いてくれた。ジャン・アドキンス・スタジオの「最高説明責任者」であり主任魔法使い。彼は私のことを「キャプテン・トゥモロー」と呼びたがりますが、今日、トゥモローといわれてもひどく混乱します。

ジム・スワンソン。私の元上司で友人で飛行機マニア仲間。ガムを貸しといてくれないか？

アリシア・コッチ。仕事の同僚でイベント写真家。適格なショットをありがとう。

アントン・ワネンバーグ。飛行機がラインを通過する瞬間を撮影してくれた。

ヘンリー・テネンバウム。びっくりするような写真と、さらに驚きの司会ぶりを両方の記録挑戦大会で披露してくれた。

ビキ・リピアキス。私にランディー・フライとクラーク・ラッセルを紹介してくれた。マクレランではヘンリーといっしょに見事な司会ぶりを見せてくれた。

アレックス・トラベル。モフェットを使わせてくれて、A4の紙をはじめて試させたくれた。今回の紙飛行機の物語では、トラベル夫妻が大きな大きな役割をはたしてくれた。

ウェイン・ホワットリー。モハベでの測量係。すばらし

い仕事に多大なる感謝を。

ダーク・スルーテン。マクレランで記録を破ったときの測量係。すばらしい仕事ぶりだった！

ティム・ピアストレリ。人知を超える高度な技法でウェブサイトを作ってくれた。いろいろありがとう。

ボブ・ウィズロー。モハベに招待してくれて、重要なヒントを与えてくれて、自宅で徹夜作業をやらせてくれた。なんていい人だ！

エンリコ・パレルモ。モハベでの挑戦をFAITHに提案してくれた。多大な支援と、成功を祈ってくれたことに感謝。

マイク・メルビル。最初の挑戦で審査員を務めてくれた、偉大にして刺激的な男。

ウィリー・ターナーとカリフォルニア州サンカルロスのヒラー航空博物館。番組の撮影に使わせてくれて、テレビの生放送を主催してくれた。ありがとう。

KRON-TV。1回目と2回目の挑戦で寛大に機材を貸し出してくれた。

ティム・マーティン。ミスターiPhoneアプリとなってくれた。

リチャード・ジン。マイクに引き合わせてくれた。

バーン・グリン。ジョー・アヨーブと引き合わせてくれた。

マイク・ポロウスキー。試させてくれた。

ジミー・コリンズ。私の飛行機を半分に引き裂いた。

だが、あれが役に立った。

リップ・ウォン。アポなしでマーシー格納庫を使わせてくれた。

ケン・ブラックバーン。マクレランの証人になるために、はるばるフロリダからかけつけてくれた。4回の世界チャンピオンであり、雲の上の存在。

家族へ

テッドとオリビア。一度に何キロメートルも飛行機を追いかけてくれた。

わが兄弟ボブ、テッド、ジム。競争してくれて、刺激をくれて、なぐさめてくれて、祝ってくれた。みんな、ありがとう。会場に来られなくても、ずっといっしょにいる気分だった。

息子のショーン。来てくれてありがとう。

義理の姉妹、フェイス、ロビン、スーザン、ベッキー。私には女兄弟がいないので、本当の兄弟のように思ってる。

妻のスザンヌ。彼女の愛情と協力がなければ、何ひとつかなわなかった。私の心の中では妻もチャンピオンだ。愛してる。

そして、ジョー・アヨーブ。世界最高の紙飛行機の投げ手。やってくれると、ずっと信じていました。

監訳者あとがき

この本には「スザンヌ」と名付けられた、あるひとつの（折り）紙飛行機が、飛行距離の世界新記録を達成するまでの物語が綴られています。この本のテーマは、世界記録を達成したこのスザンヌです。なぜなら、まずこの本にはスザンヌの折り方が書かれていて、誰もがスザンヌを折って飛ばしてみることができます。さらに紙を用意すれば、この本で紹介されている、他のさまざまなデザインの紙飛行機を、誰もが自分で折ったり飛ばしたりすることができます。でも、この本の本当の主人公は、スザンヌの設計者であり製作者（折り手）のジョン・コリンズと、その投げ手であるジョー・アヨーブの2人です。それは、この本を最後まで読めば、よくわかると思います。

さて、自分で飛行機をつくって飛ばす。そんな夢のような願いを、もっとも手軽に実現してくれるのが紙飛行機でしょう。世界中、こんなにも飛行機の路線が拡がり、空港から空港へ、毎日のように飛び交っているにも関わらず、今でも「なんであんな金属のかたまりが空を飛ぶのかがわからない」という人がたくさんいます。そんな人でも、紙飛行機が飛ぶことについては、あまり疑問を持ちません。でも、この本の最初の章「なぜ飛ぶのか」をまず読めば、むしろ逆に、金属でできた大型の飛行機よりも、紙で折った簡単につくれそうに見える紙飛行機の方が、どうしてあんなにもよく飛ぶのか、きっと不思議に思うようになるでしょう。

普通の（空港などで良く見る）飛行機の説明から、この本は始まります。飛行機の各部の名称の紹介に続いて、機体に働く「揚力」「重力」「推力」「抗力」という4つの力が示されます。航空力学の基本です。しかし実際に紙飛行機を飛ばしてみればすぐにわかることですが、

飛行機は上下、前後だけでなく、左右もある3次元空間を飛行しています。ですから、飛ばした紙飛行機がまっすぐ進むことは稀で、たいてい右か左かに曲がってしまいます。逆にそこのところを上手く使うことで、ぐるっと左右に回って戻ってくる、ブーメラン飛行機をつくることもできます。

紙飛行機の競技とは、飛行機と飛行機をつくる人と、飛行機を投げる人が一体になった、一種のスポーツ、あるいは広い意味でのパフォーマンスのようなものです。実際、紙飛行機を遠くに飛ばそうと思ったら、飛行機の折り方だけでなく、飛行機の投げ方も工夫し、上手にならなければなりません。力一杯投げれば遠くに飛ぶ、というものではありません。むしろ各々の飛行機のかたちや飛び方の特徴を知り、人馬一体ならぬ、人機一体となって、エレガントに投げられるようにならなければ、ギネス世界記録とはいわずとも、そこそこ遠くに飛ばすことは難しいでしょう。

航空工学と紙飛行機

一般に飛行機をつくることは、エンジニアリング（工学）の仕事だと思われています。確かに、飛行機の設計や製造に関わる学問を、「航空工学」と呼びます。先ほどの飛行機に働く4つの力というのも、工学的に見た時の飛行機の特徴といえます。でも最初にもうひとついっておくと、これはエンジニアリングの本ではありません。工学における設計といえば、きちんと目標（機能）を設定して、設計の対象の特性を調べてモデル化し、そのモ

デルを数式で記述することで理論化し、その理論にもとづいて、目標を効率よく実現する最適の解を求め、それを製造して具現化する、という手順で行われます。それは理解したものを、確実に実装するための学問です。それに対して紙飛行機のデザインは、よくわからない（モデリングできない）ものに対して、そのわからなさを抱えつつ、試行錯誤を続けながら、少しずつ修正、改良していく、というものです。

　先ほどのスポーツの例でいえば、現代的な工学は、オリンピックのアスリートと同じです。まず、競技の種類とルール（何メートル走るのか、どういう道具を使うのか、など）を厳密に定めます。そしてそのルールを満たす整えられた場を競技場の中につくり、その中で（100分の1秒や、1センチといった）ほんのちょっとの違いを競います。技術が成熟した今日の工学は、そうした整えられた環境で微細な違いを競う、アスリート競技のようになってしまいました。どちらも、個人の才能や努力よりも、組織やお金の力が大きな役割を果たします。

　それに対して、この紙飛行機の本は、決してアスリートのために書かれた明晰な技術書とはいえません。むしろ、雑草の生えたでこぼこ道、あるいは見渡すかぎり砂以外には何も見えない砂漠を、なんとか進んでみようとした経験の本であるといえるでしょう。理論と呼べるような確固たる支えもなく、今進んでいる方向が正しいかどうかもよくわからず、それでも、じっとしていては生き延びることができない、そんな未開拓の状況を、いったいどう乗り越えていけばいいのでしょうか。そうした状況を「紙飛行機を遠くに飛ばす」ことをひとつの事例として、一人称目線で語ってくれる——これはそんな本なのです。チームはあっても組織はない、目標はあっても手法はない。もちろん、インターネットで検索しても答えは見つからない。ブームや流行になるわけでも、廃れたりなくなったりするわけでもない。特殊なものや、高価なものは必要とせず、身近で安価なものだけで行える。何だか、他にもいろいろありそうに思えますが、そんなテーマは実際、紙飛行機の他にはほとんどありません。

単純そうで奥深い設計と飛行の理論

　紙飛行機の設計に戻ります。紙飛行機をつくることは、実際の大きな飛行機の原理を知るためのよい教材にもなりますが、それ以外、それ以上のことがたくさんあります。紙飛行機の設計の難しい、つまり面白いところは、小さな機体の中にも相反する事柄がたくさんあることなのです。強い力で投げたり、速い速度で飛んだりして形が崩れないように、飛行機はなるべく頑丈につくりたいけれど、厚い紙を使うと飛行機が重くなったり、折りにくくなったり、翼の抵抗が大きくなってしまいます。翼の効率をあげるために、翼はなるべく細長く（「アスペクト比」を大きく）つくった方がいいけれど、そうすると翼の強度が下がって（弱くなって）すぐに曲がったり折れてしまいます。翼を小さくして強く投げられるようにするのがいいのか、翼を広く、あるいは長くしてゆっくり投げる方がいいのか、弾丸のように放物線飛行をするのがいいのか、グライダーのように高く舞い上がって滑空するのがいいのか、いろいろな戦略があるでしょう。

　もちろん、1枚の長方形の紙を折ってつくらなければならない、ということが一番の制約（であり自由）であることはいうまでもありませんし、本文にあるように「スケール効果」（紙飛行機は小さいので、通常の大きな飛行機に比べて空気の粘り気＝粘性が大きいように感じる）も考えなければなりません。そのうえで、飛行機の運動性能にとってもっとも重要な、「重心」（機体の重量の中心）と「空力中心」（機体に働く空気力の中心）の関係を、うまく設定することが必要です。実際、紙飛行機くらいの小ささになると、飛行機の形を流線型にすることに流体力学的な意味はなくなるので、この重心と空力中心のバランスを軸に、飛行機の形や折り方を決めていきます。

　流体力学を少しでもかじったことがある人は、この本でのジョン・コリンズの科学的原理に対する言明に、思わず首を傾げてしまうかもしれません。そうした人は、この本にもあるように「ベルヌーイの定理」（これは大学では、圧力というポテンシャル・エネルギーと流速という速度エネルギーの和が不変、つまりエネルギー保存則

として教わると思います）や「等時間通過説」（翼の前縁で上面と下面に分かれた空気は翼の後縁で再び同時刻に出合う）によって翼に働く力が説明できると考えています。実際、僕自身も大学ではそういう教育を受けてきました。しかし本文にあるように、この等時間通過説は今では実験的に否定されていますし（翼の上面の流れが下面の流れよりも早く後端に到達する）、ベルヌーイの定理も空気の粘性を無視できる完全流体に関する理論です。そこでジョン・コリンズは、原因と結果が逆になった、別の説を紹介します。空気が翼の先端にぶつかると、「集群」（bunching）というかたまりになり、そのため気圧が低くなって空気の速度も速くなる、と。

　空気力学を考える時、大きく分けて、2つの見方が可能です。ひとつは物体が静止していて空気の方が流れているという見方、もうひとつは、静止している空気の中を物体が動いていく、という見方です。航空機も紙飛行機も、実際には後者なのですが、航空機の飛行力学では、前者のような見方をしがちです。確かに翼も流れも滑らかで、しかも動きがほぼ一定で、翼も変形しない定常状態の場合、両者に違いはありません。しかし、実際には、紙飛行機を投げる時には、ほぼ静止した状態から、人の手で投げる、という複雑な動きによって、機体のスピードが急激に上昇し、その力によって紙飛行機自体も大きく変形します。こうした動きは、飛行機というよりも、鳥や昆虫のような、小型生物の飛翔に近いのです。

　鳥や昆虫のような、紙飛行機と同じくらいのサイズの飛行生物に、航空機の理論を適用しても、その飛行メカニズムを説明できないことは、昔からいろいろな人に指摘されてきました。最近の研究で、昆虫のような小さな動物の翼の場合、翼の先端で流れがはく離して「前縁渦」と呼ばれる空気のかたまりができ、それに伴う大きな負圧によって翼が吸い上げられて、上向きの力（揚力）が生まれることが発見されています。この前縁渦による空気のかたまりが、ジョン・コリンズが集群と呼んだものに当たるでしょう。自然界の生物のさまざまな飛行では、この前縁渦が非常に重要な働きをしています。まさに、ジョン・コリンズの直観の方が、実際の現象に近かったのです。紙飛行機のように、慣性力と粘性力との

比を表す「レイノルズ数」が小さくて、粘性力が相対的に大きい場合（レイノルズ数が10の3〜4乗程度、旅客機の場合は10の7〜8乗程度）、航空機のようななめらかで厚い翼よりも、薄くて湾曲した翼の方がいい性能が出るのは、こうした理由によるものです。

　一般の翼に働く力も、前述のベルヌーイの定理ではなく、空気の粘性による「コアンダ効果」によって説明ができるという説があります。これは翼の前縁渦によって誘発される下向きの流れによる、作用反作用（流体との運動量の交換）の効果といえるでしょう。ともあれ、紙飛行機のような小さな飛行機の周りには、（鳥や昆虫と同じように）こうした単純な理由では説明できないほど複雑な、時間的に変化する3次元の流れが発生していることを忘れてはいけません。さらに、こうした流体のメカニズムは、天気のような複雑系と同じように、ちょっとしたことでその結果が（予測もしていなかったように）大きく変わってしまう不安定な現象です。ジョン・コリンズの飛行機も、速度の変化による、空気の流れ方の大きな変化をうまく利用しています。スザンヌは、最初は弾丸のように急上昇するのですが、最高高度に達すると一転して、機首を下げた滑空モードに入ります。するとスザンヌは次第に速度を増して、再びゆるやかに上昇するのです。まさに剛から柔への大転換といっていいでしょう。こんなことができるから、紙飛行機の設計が（一定の速度で航行する航空機の設計とはまったく違った意味で）奥深いのです。そして奥深いということは、その難しさの理由を知れば知るほど面白くなっていく、ということでもあります。

世界記録までの険しい道のり

　紙飛行機の面白さは、何も飛行機の設計や飛び方だけではありません、飛行機の製造にあたる紙の折り方、そして飛行機の動力（エンジン）にあたる投げ方、そのいずれにも、紙飛行機にしかないさまざまなノウハウや工夫の余地と未知の可能性があります。この本の2章の「投げ方と調整」、折り紙の基本をまとめた3章の「折

り方入門」、そして世界記録を樹立した紙飛行機「スザンヌ」をはじめ、シンプルなものから、優美なもの、細かい工夫が施されたもの、複雑なもの、リング翼のような奇抜なもの、こうしたさまざまな紙飛行機の折り方が満載の4章。この3つの章は、この本の中でもまさに「メイカー」的、つまり自分の手でつくってみたり、やってみたりすることが好きな人たちのために書かれた部分といえます（ジョン・コリンズが考えるメイカー＝つくることの意義については、ぜひ冒頭の「はじめに」を読んでみてください）。道具の揃え方、折り方のコツと注意点、それぞれの紙飛行機の折り方に添えられた、ジョン・コリンズ自身による設計コンセプトと飛び方の解説、さらには豊富な図と写真。この3つの章に書かれた紙飛行機の折り方を、ひとつづつ自分の手で試したり、改造していくだけでも、きっと何カ月も、何年も楽しむことができるでしょう。継続とは、続けることではなく、止められなくなることなのですから。

　さて、ここまでで終わるのが、そしてそれだけでも読者を十分に満足させてくれたのが、これまでの紙飛行機に関する本でした。しかしこの本は、それだけでは終わりません、いや、ここからがスザンヌの滑空モードの飛行と同じように、この本の本領発揮ともいえるでしょう。それが5章の「世界記録を出した飛行機の物語」です。この章のタイトルは「世界記録を出すまでの紆余曲折と試行錯誤の物語」と読み換えてもいいかもしれません。

　ここで、本書に断片的に書かれている、ギネス世界記録のルールの概要をまとめておきます。

・室内で飛ばす
・使用する紙の重さは100gsm（1平方メートル当たり100グラム）以下
・25ミリ幅のセロハンテープを30ミリまで使える
・紙を切ることはOK
・1人の人間が投げる
・助走は3メートル（10フィート）以下
・試技は10回まで

　このギネス世界記録のルールの中で紙飛行機を遠く

に飛ばすためには、機体をなるべく重くする必要があります。そこでジョン・コリンズは、このギネス世界記録の規格ぎりぎりの（単位面積当たりの）重さの紙を使用し、さらに規格で許されているセロハンテープを目一杯使います。先ほど、紙飛行機の空気力学の話をしましたが、紙飛行機の記録をつくるためにコリンズは、このルールを逆に利用して、できるだけ機体を丈夫につくったり、さらに動力としての人間が投げやすくするためのアイデアを生み出していきます。こうした限られた制約の中で、飛び方だけでなく強度的な要求を満たしてくれる折り方を発見していくのが、折り紙の構造力学です。紙のサイズをレターサイズからA4サイズの少し縦に長いものを使用するだけで、重心の位置が移動してしまうように、この構造力学（機体の強度と人間の投げやすさ）と空気力学（機体の形状と表面の質感）の両方を、たった1枚の紙を折ることで両立させるのは、考えれば考えるほど複雑で、だからこそさまざまな可能性があることに、読者のみなさんも気づいてくれるでしょう。

　他にもまだまだ、記録を達成するために乗り越えなければならない問題（試練）が待ち受けています。まずは場所です。記録に挑戦するためには、紙飛行機を飛ばすための天井が高く広い倉庫を借りなければなりませんし、投げ手（ジョー・アヨーブ）と試行錯誤と練習を重ねる時間も必要です。それらを実現するためには、もちろん費用がかかります。そしてそうした場所や費用を得るためには、スポンサーが必要です。そんな世界記録達成のために避けては通れない、さまざまな現実的な障壁をひとつづつ乗り越えて、コリンズとアヨーブの2人は、2011年7月に行った、モハベ砂漠の宇宙船格納庫でのリハーサルで、早々に世界記録を破ります（もちろん非公認記録です）。

　あとは公式の場で記録をつくるだけ、前途洋々に思えたここからが苦難の道の始まりでした。それと同時に、（コリンズとアヨーブには申し訳ありませんが）この物語がぐんと面白くなっていきます。なぜなら、そうした苦難こそが、飛行機のディテールを洗練し、デザインを次のレベルにあげてくれるからです。もしあのまますんなり世界記録を達成していたら、この物語はずっとシンプ

ルなものになり、物語ではなく紙飛行機のつくり方とその記録だけが一人歩きしていったことでしょう。

後から振り返れば、「状況に呑まれて基本を忘れる」ことで起こった、2011年8月29日のモハベでの大失態は、スザンヌのデザインを仕上げるために、避けては通れない道でした。問題点を顕在化するために欠かせないプロセスとしての失敗は、アメリカ的プラグマティシズムの「間違い主義（人は間違いのみによって真理に到達することができる）」という考え方の中心に位置しています。「挑戦をやめたときが本当の失敗」という、この大失態後の周囲からの助言は、このスピリットが、今なお生きていることの証です。あきらめなければ、継続していれば、必ずチャンスはめぐってくるのです。実際コリンズらは大失態のあと、すぐにその原因を分析し、スザンヌのさらなる改良に着手します。特に「飛行機の速度が変わると、空気が翼を離れる場所が変わる」ことの再発見は重要です。なぜなら、こうした設計こそが紙飛行機でのもっとも紙飛行機らしいところ、そして工夫や試行錯誤のしがいのあるところだからです。

そして2012年2月26日の2度目のトライアル。紙飛行機は消耗品です。どんなに丁寧につくっても、飛ばすたびに少しずつ変形して、ひとつの機体はせいぜい15回くらいしか飛ばすことができません。はかなくて、そしてすぐに消えてしまう即興演奏のようです。さらに、当日の気温や湿度などの環境の変化、10回しか行うことができないトライアルの間の機体の調整と、それを行う人間の心理のゆらぎ、予期せぬ細かいものごとが集積していくその過程は、どんなに準備しても想定通りには進んでいかない、まさに即興劇というべき、手に汗握るドラマになりました。

・ ・ ・

最後に、少し個人的なことを書くことで、この解説を終わりにしたいと思います。本の最後に、ジョン・コリンズさんの生い立ち、すなわち紙飛行機開発の個人史が書かれています。そこでジョン・コリンズさんが僕と同い年ということを知り、何だか彼と、その紙飛行機が少し

近くなったように感じました。さらにオライリー・ジャパンの田村英男さんのお声がけで、Maker Faire Tokyoでの「飛びものワークショップ」や、東京都三鷹市立の第三小学校「三小わいわい広場」での「ふしぎな紙飛行機〜飛びもの自由工作〜」を行ったことで、紙飛行機をうまく飛ばすことの難しさ、そして子どもから大人まで、それぞれの視点でそれぞれの楽しみを発見できる紙飛行機の懐の深さを、僕自身も間近に見たり体験することができました。

今回、Maker Faire Tokyo 2019 参加のためのジョン・コリンズさん来日に合わせて、この本の日本語版を出版できることを、とてもうれしく思います。日本には、紙飛行機のもうひとつのギネス世界記録（滞空時間記録）保持者の戸田拓夫さんがいて、折り紙ヒコーキ協会を中心に活発な活動が行われています。この本を通じて、ぜひひとりでも多くの方に、折り紙飛行機の楽しさや面白さを知ってもらえれば、こんなにうれしいことはありません。

専門用語も多い原文を読みやすい日本語にバランスよく翻訳してくれた金井哲夫さん、全体の作業を統括しながら緻密で丁寧な編集を行ってくれた窪木淳子さん、原書以上に美しくレイアウトをまとめてくれた中西要介さん、根津小春さん、そして本に載っている紙飛行機をすべて実際に折って本の内容を細かく確認してくれた江口よしこさんも、きっと一緒に喜んでくれると思います。

2019年6月
久保田晃弘

[著者]

John M. Collins（ジョン・M・コリンズ）

またの名を「The Paper Airplane Guy」（紙飛行機野郎）。『The Gliding Flight』と
『Fantastic Flight』の著者であり、何十万人もの人々に、もっとよく飛ぶ紙飛行機
の作り方を教えてきました。コリンズはテレビプロデューサーをしながらタレントと
してテレビに出演もしています。また、自身の制作会社を経営しています。「www.
ThePaperAireplaneGuy.com」を見に来てください。

[監訳者]

久保田晃弘（くぼた・あきひろ）

多摩美術大学情報デザイン学科メディア芸術コース教授／アート・アーカイヴセ
ンター所長。近著に『遙かなる他者のためのデザイン─久保田晃弘の思索と実装』
（BNN新社）や『メディア・アート原論』（共編著、フィルムアート社）などがありま
す。30年前は、工学部の船舶工学科で翼型やスクリューの研究をしていました。さ
らにその前は、生物の泳法の解析をしていて、この本のおかげで、当時と今とが繋
がったような気がしました。

[翻訳者]

金井哲夫（かない・てつお）

翻訳家。現在、Make:Japanブログ（makezine.jp）を翻訳中。『Made by Hand
─ポンコツDIYで自分を取り戻す』、『マイクロシェルター─自分で作れる快適な
小屋、ツリーハウス、トレーラーハウス』など、Make:Japan Books（オライリー・
ジャパン）の書籍も数多く翻訳しています。子どものころ、自宅の屋上から大量の紙
飛行機を飛ばし、ご近所の家の屋根を飛行機で真っ白にしてしまい、母にこっぴど
く叱られたことがあります。

世界チャンピオンの
紙飛行機ブック

2019年8月 6日　初版第1刷発行
2025年2月20日　初版第3刷発行

著者	John M. Collins（ジョン・M・コリンズ）
監訳者	久保田 晃弘（くぼた あきひろ）
訳者	金井 哲夫（かない てつお）

発行人	ティム・オライリー
印刷・製本	日経印刷株式会社
デザイン	中西 要介、根津 小春（STUDIO PT.）
カバーイラスト	ハギー K
編集協力	窪木 淳子、江口 よしこ
発行所	株式会社オライリー・ジャパン
	〒160-0002　東京都新宿区四谷坂町12番22号
	Tel (03) 3356-5227　Fax (03) 3356-5263
	電子メール japan@oreilly.co.jp
発売元	株式会社オーム社
	〒101-8460　東京都千代田区神田錦町3-1
	Tel (03) 3233-0641 (代表)　Fax (03) 3233-3440

Printed in Japan (ISBN978-4-87311-883-3)